나는
내 편이라고
생각했는데

지은이 최광현은 독일 본대학교에서 가족상담 전공으로 박사학위를 받고 루르Ruhr 가족치료센터에서 가족치료사로 활동했다. 현재는 한세대학교 상담대학원 가족상담학과 주임교수로 재직 중이다. 그는 우리 마음에 생긴 가장 깊은 상처의 대부분이 가족과 연결되어 있다고 말한다. 우리가 삶에서 경험하는 불행, 낮은 자존감, 불편한 인간관계 등의 뿌리가 가족 안에 있다고 보고 오랜 기간 가족 문제에 대해 연구했다. 한국에 돌아와 수많은 가족의 아픔을 상담하며 트라우마 가족치료 보급에 힘썼으며, 최근에는 상처 입은 사람들을 돕기 위해 내면아이 치유와 인형 치료에 매진하고 있다. 저서로 《가족의 두 얼굴》《나는 남자를 버리고 싶다》《가족의 발견》《지금 나에게 필요한 용기》《인형 치료》 등이 있다. (선우가족놀이치료센터 http://swfamilyplaytherapy.com)

나는 내 편이라고 생각했는데

2019년 6월 28일 초판 1쇄 발행 | 2021년 8월 5일 초판 2쇄 발행

지은이 최광현 | 펴낸곳 부키(주) | 펴낸이 박윤우
등록일 2012년 9월 27일 | 등록번호 제312-2012-000045호
주소 03785 서울 서대문구 신촌로3길 15 산성빌딩 6층
전화 02)325-0846 | 팩스 02)3141-4066
홈페이지 www.bookie.co.kr | 이메일 webmaster@bookie.co.kr
제작대행 올인피앤비 bobys1@nate.com

ISBN 978-89-6051-722-6 03180

책값은 뒤표지에 있습니다. 잘못된 책은 구입하신 서점에서 바꿔 드립니다.

이 도서의 국립중앙도서관 출판예정도서목록(CIP)은 서지정보유통지원시스템 홈페이지 (http://seoji.nl.go.kr)와 국가자료종합목록 구축시스템(http://www.nl.go.kr/kolisnet)에서 이용하실 수 있습니다.(CIP제어번호: CIP2019021244)

나는
내 편이라고
생각했는데

늘 섭섭하고 상처받는
당신을 위한
어른이의 심리학

최광현 지음

부·키

차 례

3부

상처 입은 아이는 상처 입은 아이를 불러낸다

당신의 아킬레스건은
어디입니까?

그리스 신화에 나오는 트로이전쟁의 영웅 아킬레우스는 바다의 여신 테티스의 아들이다. 그가 태어나자 어머니는 저승을 감싸고 흐르는 스틱스강에 데리고 가서 그의 몸을 물속에 담근다. 이로 인해 그는 불멸의 몸이 된다.

하지만 그의 몸 중에 유일하게 물이 닿지 않은 부위가 있었다. 어머니가 아킬레우스의 몸을 물속에 넣었을 때 손으로 감싸 붙잡은 발꿈치는 물에 닿지 않았고, 그곳은 그의 몸에서 유일하게 상처를 입을 수 있는 부위가 된다. 트로이전쟁 중 아폴론이 쏜 화살이 그 약점 부위에 맞으면서 불멸의 영웅 아킬레우스는 비참한 죽임을 당한다. 이것이 바로 발꿈치 뒤에 붙은 강한 힘줄이자 치명적인 약점을 일컫는 '아킬레스건'의 유래다.

아무리 방어를 잘해도 이 부위가 건드려지면 영웅도 치명상을 입는다. 아킬레스건은 몸에서 가장 크고 강력한 힘줄뿐 아니라 콤플렉스와 같이 심리적으로 치명적인 약점을 상징하기도 한다. 다시 말해 심리적인 아킬레스건이란 과거에 상처받았던 기억을 의미한다. 과거에 받았던 상처는 여전히 아픈 부위로 남아 있다가 이 부분이 건드려지는 순간 이성을 잃어버리거나 폭풍우 같은 부정적 감정에 휩쓸려 고통받게 된다.

우리 안에 있는 이 심리적 아킬레스건을 일컬어 프로이트는

'내면아이inner child'라고 불렀다.

어린 시절 자신을 꼭 안아 주는 대상이 있었다는 것은 단순히 어릴 때의 경험만으로 한정되지 않고, 한 사람의 인생 전체에 걸쳐 영향을 미친다. 긴 생애를 살아가면서 부딪치는 수많은 문제 속에 이때 응당 받았어야 했던 따뜻한 보호와 보살핌의 결핍감이 웅크리고 있다. 대중문화 속 영화나 드라마에서 등장하는 악인들도 대부분 어린 시절에 깊은 상처를 받았다는 설정으로 나온다. 그들의 왜곡된 인격과 비뚤어진 행동에 그런 상처가 도사리고 있다는 것이 드러나면, 시청자들은 악인의 행동에 분노하면서 한편으로는 측은한 마음을 내비친다.

우리 주변에도 그런 사람들을 쉬이 만나 볼 수 있다. 악인까지는 아니지만, 도저히 이해할 수 없는 성격으로 주변 사람들에게 불편함과 분노를 유발하는 사람들을. 그런 사람들의 면면을 들여다보면 오래전에 입었던 치명적인 상처가 여전히 그들의 삶을 지배하고 있다는 것을 알 수 있다.

과거의 상처는 과거에 발생한 것이지만 불행하게도 현재와 미래의 삶에도 여전히 강력하게 작동한다. 어린 시절 상처로 탄생한 내면아이가 낮은 자존감, 거짓 자아, 부정적 자아상, 회피형 성격, 분노 조절, 강박증, 공포증, 우울증 같은 후유증들을 만들어 내 성인의 삶에 끊임없이 영향을 미치기 때문이다.

안타깝게도 상처 입은 내면아이는 단순히 어린 시절에 입은 상처만을 의미하지 않는다. 내면아이는 성인이 된 후에 만들어질 수 있다. 어른이 된 뒤 장기간, 지속적으로 상처를 받는다면 또 다른 상처 입은 내면아이가 탄생한다. 그래서 내면아이는 한 명이 아니라 여러 명이 될 수 있다.

외부의 수많은 적과는 싸워서 승패를 가를 수 있지만, 정작 자신이 과거에 받은 상처와는 싸우거나 싸워서 이길 수 없다. 상처 입은 내면아이는 우리가 싸우고 없애야 할 대상도 아니다. 없애려 하거나 무시하고 회피할수록 우리는 더욱더 강력하게 과거의 삶에 얽매이게 된다.

어린 시절 나는 밖에서 뛰어놀기를 좋아하는 아이였다. 그 시절의 아이들이 그랬듯이 골목에서 술래잡기, 딱지치기, 곤충 채집 등으로 실컷 시간을 보내다 해가 뉘엿뉘엿 질 무렵 집으로 돌아가곤 했다. 어느 날 다른 동네까지 가서 노느라 정신이 팔린 나는 평소보다 늦은 시간에 집에 들어가게 됐다.

어머니께 "공부 안 하고 하루 종일 어딜 그렇게 놀러 다녔니?"라는 핀잔을 얻어먹을까 봐 잔뜩 긴장한 채로 집을 향해 겨우 발걸음을 옮기고 있는데 저 멀리 대문 밖까지 나와 계신 어머니가 보였다. 터덜터덜 걸어오는 나를 어머니는 아무 말 없이 안아 주셨다.

이 무렵부터 내가 중학교에 들어갈 때까지 아버지의 직업은 늘 불안했다. 적성에 맞지 않은 일과 불안한 고용으로 우리 가정 안에는 햇살보다 그늘이 드리워진 날이 더 많았다. 전업주부로 별 재주가 없으시던 어머니조차 돈을 벌기 위해 언제나 부업에 매진해야 했다. '생존과 안전'이라는 인간의 가장 기본적인 욕구가 위협당하는 상황 속에서 두 분이 고군분투하는 동안 난 방치된 듯 혼자였다. 이런 환경에 처한 아이들이 흔히 갖게 되는 위축감과 좌절감, 무엇보다 가난에 대한 수치심은 친구들 사이에서 나를 더욱더 외롭게 만들었다.

그날 어머니에게 무슨 일이 있었는지, 무슨 생각을 하셨는지는 모른다. 하지만 늦게 귀가한 나를 아무 말 없이 안아 주시던 그 순간을 잊을 수가 없다. 일곱 살 어느 날의 한 장면은, 이후 언제나 석양을 보면 으레 떠오르는 소중한 기억 한 조각이 됐다.

일곱 살 때부터 지금까지 나는 이 장면을 수없이 재생하며 살아왔다. 고달픈 일상을 살아 내느라 평소에는 잘 안아 주시지 않던 어머니가 어쩌다 한 번 내게 주신 따뜻함을 놓치고 싶지 않았다. 따뜻한 보살핌의 결핍으로 만들어진 나의 내면아이는 그 기억 덕분에 치유를 위한 긴 여정을 버텨 낼 수 있었다.

　이 책은 건강한 성인으로서 자유롭고 독립적인 인생을 살고 싶지만, 번번이 과거의 상처에 발목을 잡혀 절망하는 사람들에게 도움을 주고자 썼다. 또 자녀에게 자신과 똑같은 내면아이를 물려주고 싶지 않은 부모, 장차 자녀가 더 따뜻한 인생을 살기를 바라는 부모에게도 부모 자식 관계를 더 깊이 이해할 수 있도록 도와주는 길잡이가 될 것이다. 여러분에게 이 책이 마음 밑바닥에 웅크리고 있던 상처 입은 내면아이를 만나고, 화해할 수 있게 하는 따뜻한 기억 한 조각이 되길 간절히 바란다.

최광현

1부

내 안의
작은 아이에게 건네는
첫인사

오랜 시간 풍파를 이겨 낸 커다란 나무를 베어 낸 뒤,
밑동을 보면 나이테를 발견할 수 있다.
사람 또한 똑같이 여러 사건을 거쳐 성인이 되면
과거의 이야기들이 마음속에 나이테처럼 남는다.
잊은 줄 알았던 감정들이 사실은 억압된 채로
선명하게 머물러 있다.
나이테가 나무의 기록인 것처럼, 인간의 무의식은
그동안 살아온 감정과 욕망에 대한 기록이다.

1

내 안의
상처 입은 어린아이

▶ 어린아이를 할퀸 한마디

"그러니까 너의 진짜 부모님은 널 원하지 않았다는 얘기야?"
예닐곱 살쯤 된 남자아이에게 이웃집 여자아이는 천진한 표정
으로 이렇게 물었다. 아이는 이 말을 듣는 순간 머리에 번개가
내리치는 듯한 통증을 느꼈다. 그리고 울면서 집으로 뛰어 들어
가 자신의 양어머니에게 물었다.

"엄마, 난 버림받은 아이예요?"

그러나 양어머니는 아이의 얼굴을 마주 보고, 매우 진지한 표정으로 이렇게 말해 주었다.

"아니야. 우리가 너를 특별히 선택한 거란다."

어머니의 말을 듣는 순간 아이는 인생의 신념이 완전히 바뀌었다. '버림받은 아이'에서 '선택받은 아이'로. 이 일은 그의 인생에서 가장 중요한 신념의 원천이 되었다. 지난 2011년에 세상을 떠난 애플사의 창업자, 스티브 잡스의 이야기다.

잘 알려진 것처럼 스티브 잡스는 입양아였다. 그의 친아버지는 시리아에서 온 유학생이었고, 미국인 여성과 교제하다 아들을 낳았다. 하지만 집안의 반대로 헤어지게 되면서 아이를 입양 보낸다. 잡스의 양부모는 공개 입양을 했고 아이에게도 입양 사실을 알려 주었다.

이웃집 아이의 말에 깊은 상처를 입은 순간은 평생 그에게 강력한 영향력을 행사할 '내면아이'가 만들어지는 순간이었다. 잡스가 가진 내면아이의 이름은 '버림받은 아이'였다. 그러나 양부모의 관심과 돌봄 덕분에 그에게는 '나는 선택받았다'는, 자신에 대한 일종의 특별한 의식이 만들어지게 된다. '버림받음'을 '선택받음'으로 전환시킨 것이다.

잡스는 아인슈타인이나 간디와 같이 특별히 선택받은 사람이 존재하며, 자신 또한 그런 사람이라고 믿었다. '버림받음'을 '선택받음'으로 전환시킨 그는 자신이 진짜로 그렇다는 것을, 즉 어린 시절의 상처를 자기 바람대로 바꿀 수 있다는 것을 증명해야 했다. 그래야 버림받은 것이 되지 않기 때문에.

선택받은 아이가 되고 싶었어

월터 아이작슨은 자신의 저서《스티브 잡스》에서 놀라운 창조성과 재능을 가졌던 잡스가 심각하게 왜곡된 인지의 함정을 갖고 있었다고 밝힌다. 아이작슨은 그것을 '현실 왜곡장reality distortion field'이라고 불렀다. 잡스는 자신이 받아들이고 싶지 않은 현실은 거부하고, 자신이 받아들인 생각은 본인뿐 아니라 주변 사람에게도 세뇌했다.

그는 현실이 자신과 부합되지 않으면 냉정하게 거부했다. 여자친구가 딸을 낳았을 때도 그것을 현실로 받아들이지 않고, 냉정하게 아이를 버렸다. 자동차에 번호판을 다는 것을 거부하고, 장애인 전용 주차구역에 차를 대는 등 사소한 것들도 받아들이려 하지 않았다. 아이작슨은 현실을 받아들이지 않으려는 이러한 잡스의 습성이 어린 시절 친부모에게서 버림받은 상처에서 기인한 것이라고 말한다.

잡스는 '버림받은 아이'를 거부하고 '선택받은 아이'가 되고 싶었다. 그러나 특별히 선택받은 존재라는 것을 증명하려 했던 그에게는 악마적인 본성이 있었고, 이러한 본성은 주위 사람들에게 깊은 상흔을 입히고 분노와 절망을 유발했다. 결벽증에 가까운 그의 완벽주의 성향이나 모든 것을 통제하려 드는 집착은 많은 사람을 힘들게 했다.

"스스로를 통제하지 못하고 일부 사람들에게 거의 반사적으로 사악하게 굴었다"며 아이작슨은 비록 잡스의 추진력과 효율성이 가져온 놀라운 성과는 감탄할 만하지만, 타인을 배려하지 않고 잔인하게 다루는 방식은 전혀 그에게 도움이 되지 못했다고 말한다.

2000년대 초반 잡스에게 암 진단이 내려졌을 때 그는 이 사실마저 거부했다. 자신과 같이 선택받은 사람은 일찍 죽을 수 없고, 그렇게 되는 것은 이 세상이 손해를 보는 것이라며 암을 치료하자는 의사들의 말을 오히려 무시했다. 그가 치료를 거부하고 대체의학을 고집하는 바람에 암은 결국 전이되었고 이후 수술과 재발을 반복하다 죽음에 이르렀다.

그로써 맞이한 죽음은 어쩌면 버림받은 아이가 선택받은 아이가 되려는 노력에서 만들어진 그의 인지적 오류에서 비롯된 것인지도 모른다.

하지만 진짜 부모가 자기를 '버렸다'는 것을 받아들일 수 있는 아이가 과연 존재할까? 그 아이가 성인이 되고, 한 아이의 부모가 되었다고 해서 '어쩔 수 없었다'는 현실을 받아들일 수 있을까? 절대 받아들일 수 없는 이런 인생의 사건은 깊은 상처를 만들고, 그 아픔 또한 오래간다.

▶ 우리 안의
건강한 아이 vs 상처 입은 아이

잡스의 사례에서처럼 우리 안에도 어린 시절에 만들어진 '내면아이'가 여전히 남아 있다. 요즘 대중적으로도 널리 알려져 사용되는 이 말은 심리학 용어로 정신분석의 창시자인 프로이트가 처음 사용하기 시작했다.

프로이트는 "한때 우리 자신이었던 어린아이는 일생 동안 우리 내면에서 살고 있다"라면서 아동기와 성장 과정에서 감정이 억압되면 '무의식'에서 상처를 받는다고 보았다. 이때 아이가 받은 상처는 '콤플렉스complex'의 원인이 된다. 우리가 일상생활에서 흔히 쓰는 콤플렉스라는 말 역시 심리학 용어인데, 현재의 생각이나 행동에 영향을 미치는 무의식의 감정이나 욕구를 뜻한다. 이후 많은 심리학자가 부모의 양육 태도가 어린 시절 아이의 성격 발달에 가장 큰 영향을 끼친다고 주장했다.

우리는 모두 내면아이를 갖고 있다. 어린 시절 일어났던 모든 경험을 간직하고 있는 그 아이 안에는 흥겹게 놀고, 창조적이고, 자발적인 아이도 있고, '상처 입은 아이'도 있다. 미국의 가족치료사이자 내면아이 치료 전문가인 존 브래드쇼Jonh Bradshaw는 어린 시절 상처를 받았을 때의 감정들이 성인이 된 후에도 남아 있다고 하면서 다음과 같이 말했다.

"나는 과거에 무시당하고 상처받은 내면아이neglected, wounded inner child of the past가 바로 사람들이 겪는 모든 불행의 가장 큰 원인이라고 믿는다."

과거의 상처에 매여 반응하는 사람들의 특징 중 하나는 특정한 관계 혹은 상황에 이르면 어른처럼 행동하지 않고 어린아이처럼 행동한다는 것이다. 예컨대 대인관계 안에서 불편한 일을 겪거나 그런 감정을 느끼게 되면, 순간 성인의 이성으로 인지하거나 판단하지 못하고 어린 시절 상처받았을 때와 같은 반응을 보인다. 성인인데도 마치 아이처럼 유치한 방식으로 대응한다. 사회에서 미성숙한 아이 같은 모습을 반복하는 상대를 이해해 줄 사람은 아무도 없다.

안타깝게도 대인관계에서 어려움을 자초하는 이들 중 대부분은 어린 시절에 어떤 식으로든 상처를 입은 사람들이다. 과거에 입은 상처는 그 시기의 자신만 힘들게 하는 것이 아니라 현재까지 여전히 영향을 미친다. 물론 누군가는 이렇게 물을 수 있다.

"과거는 다 지나간 것 아닌가요? 과거보다 현재가 더 중요하지 않나요?"

물론 맞는 말이다. 현재 내가 어떻게 살아가는가에 따라 과거와 미래도 달라질 수 있다. 그러나 모든 일에는 지나온 역사가 있고 나름의 이유와 인과관계가 존재한다.

▶ 나무의 나이테를 지울 수 없는 것처럼

오랜 시간 풍파를 이겨 낸 커다란 나무를 베어 낸 뒤, 밑동을 보면 나이테를 발견할 수 있다. 사람 또한 똑같이 여러 사건을 거쳐 성인이 되면 과거의 이야기들이 마음속에 나이테처럼 남는다. 잊은 줄 알았던 감정들이 사실은 억압된 채로 선명하게 머물러 있다. 나이테가 나무의 기록인 것처럼, 인간의 무의식은 그동안 살아온 감정과 욕망에 대한 기록이다. 무의식 속에 억압된 감정과 욕망은 그대로 사라지는 것이 아니라 기회가 있을 때마다 밖으로 나와서 제멋대로 군다. 그럴 때 그 사람은 불안을 느끼고, 대인관계에서 또한 어려움을 겪는다.

놀이와 여가, 유흥에 몰두할 때 우리는 어른이 된 몸 안에서 잠자고 있던 천진난만한 그 어린아이가 다시 튀어나오는 경험을 한다. 어른이 되고 나서도 창조성, 자발성, 영성, 순진함을 잃지 않을 수 있는 것은 이 아이 덕분이다. 적절한 순간 이 아이가 건강히 깨어날 때 창조적이고 자발적인 힘의 밑바탕이 된다.

하지만 '상처 입은 내면아이'는 스트레스 상황에서 무의식적으로, 즉 '나도 모르게' 과거의 불안정한 패턴을 반복하게 만드는 원천이 된다. 어린 시절 상처받았을 때 발생했던 부정적인 감정의 덩어리들이 마치 내 안에서 또 하나의 나처럼 행동하고 명령한다.

예를 들어 매사에 자신감이 부족한 어떤 사람이 '자신감을 갖고 살아야겠어'라고 결심하고, 여러 계획과 대책을 세워 자신감을 키우는 노력을 한다고 가정해 보자. 그는 "나는 할 수 있어. 하면 돼, 까짓거" 하며 안간힘을 쓴다. 하지만 그의 상처 입은 내면아이는 무의식에 남아 있는 어린 시절의 열등감을 꺼낸다. 그러고는 다른 사람이 뭔가 무시하는 듯한 태도를 보일 때마다 저도 모르게 '그래, 나는 열등감 덩어리야, 내가 하면 뭘 해, 바보같이'라는 생각을 하게 만든다.

이 무의식의 목소리, 다시 말해 내면아이의 목소리 때문에 그는 다시금 절망하고 더 많은 자신감을 잃어버리고 만다.

  만약 잡스가 자신의 상처 입은 내면아이를 받아들였다면 어땠을까? 과거의 상처를 치료하기 위해 그가 스스로를 허락했다면 오늘날과 같은 결과를 맞지 않았을지도 모른다.

  상처 입은 내면아이를 가진 대부분의 사람은 잡스처럼 자기 안에 여전히 미해결의 과제가 있다는 것, 즉 과거의 상처가 남아 있다는 사실을 거부하려 한다. 모든 것은 '다 지난 일'이라며 애써 과거의 고통을 외면하고, 자신은 나름 그것을 극복했다고 믿고 싶어 한다. 괜찮게 살고 있는 현재의 모습을 그 증거라고 생각하면서.

  그러나 상처 입은 내면아이를 거부하고 인정하지 않으려 할 때, 역설적으로 현재의 삶에 더욱더 강력한 영향을 미친다. 그 아이의 존재를 인지하고, 아직 해결되지 않은 과거의 감정 덩어리들을 되돌아보려는 시도에서부터 비로소 진정한 치유가 시작된다.

2

멀쩡한 사람이 만나는
'늑대의 시간'

> 정말 괜찮게 살고 있습니까?

"선생님, 전 나름대로 잘 살고 있거든요. 직장에서도 능력을 인정받고 있고, 사람들하고도 잘 어울려 지내요. 그런데 왜 이렇게 늘 불안한 걸까요? 저 대체 뭐가 잘못된 건가요?"

직장인 미란 씨(31세)가 상담실을 찾은 이유는 원인 모를 불안과 공황장애 때문이었다. 맨 처음 공황발작 증상을 겪은 건 얼마 전 업무차 싱가포르 출장을 다녀온 직후였다. 미란 씨는 벌써 여러 번 해외 출장을 다녀온 까닭에 비행기를 타는 게 익숙한 데다 이번에는 다른 때에 비해 비행시간도 길지 않은 편이었다. 그런데 어쩐 일인지 인천공항에 착륙하기 한 시간 전부터 알 수 없는 초조함을 느꼈다. 급기야 공항에 내려 서울 시내로 향하는 공항버스를 타기 전, 갑자기 심장이 터질 듯이 두근거리고 숨이 가빠 왔다. 미란 씨는 저도 모르게 땅바닥에 주저앉아서 숨을 헐떡거렸다.

'내가 갑자기 왜 이러는 거지? 숨을 못 쉬겠어! 꼭 죽을 것만 같아!'

십여 분 뒤, 결국 미란 씨가 탄 것은 공항버스가 아니라 구급차였다. 병원에서 약을 처방해 준 의사는 그녀에게 심리 상담을 받아 보라고 권유했고, 그것이 나를 찾아온 연유였다.

미란 씨는 어린 시절의 자신을 씩씩한 아이라고 표현했다. 성격도 쾌활하고, 공부도 곧잘 해서 학급 임원 후보에 늘 오르내리곤 했다. 중고등학교 때 친구들은 그녀의 마음속에 어두운 그늘이 있다는 사실을 전혀 눈치채지 못했다.

기억 속에서 그녀의 부모님은 걸핏하면 언성을 높이며 다투는 분들이었다. 사업가였던 아버지는 평소에는 유머러스하고 호탕했지만, 술을 마시기만 하면 전혀 다른 사람이 되었다. 만취해 집에 돌아온 아버지는 종종 어머니에게 욕설을 퍼부으며 닥치는 대로 물건을 집어던졌다. 그날 아침 식탁에 올라왔던 그릇이나 전날까지 멀쩡했던 가구가 다음 날 보면 박살이 나 있었다.

그럴 때마다 미란 씨는 방에 숨어 벌벌 떨었다. 마음속으로 '제발 아버지가 잠들었으면' 하고 수없이 되뇌며 그 시간만을 간절히 기다렸다. 설상가상으로 초등학교 4학년이 되었을 때는 아버지의 회사가 부도나는 바람에 경제적인 위기까지 닥치고 말았다. 어린 미란 씨에게는 견뎌 내기 힘겨운 나날이었다.

힘든 나날을 극복한 것처럼 보이지만

그럼에도 불구하고 그녀는 어려운 가정환경을 잘 버텨 냈고, 잘 자라 냈다. 밤마다 안방에서 고성이 오가는데도 그녀는 이어폰을 끼고 매일같이 공부에 전념했다. 그 덕에 유명 여대에 들어갈 수 있었고, 취업난을 뚫고 남들이 부러워하는 '신의 직장'에도 입사했다. 불행했던 어린 시절을 극복하고, 사회생활에도 능숙한 어엿한 직장인이 된 것이다. 크든 작든 그 어떤 일에도 최선을 다할 뿐 아니라 동료들이나 상사, 후배들과의 관계도 원만해 직장에 대한 만족감과 자부심도 높은 편이었다. 한마디로 미란 씨는 인정받는 커리어우먼이자 '나름 괜찮게 살고 있는' 사람이었다.

"그날 무슨 일이 있었나요?"

내가 이렇게 묻자 미란 씨는 머릿속으로 당시를 떠올리며 대답했다.

"글쎄요. 특별한 일은 없었어요. 외국 출장이 처음도 아니었고요. 아, 가족들에게 줄 선물을 샀다는 게 평소와 유일하게 다른 점이었죠. 보통은 출장 갔다 와서 가족을 만나러 가진 않거든요. 그런데 그날은 곧바로 부모님 댁으로 가야 했어요. 다른 지방에서 근무하는 남동생이 오랜만에 온다고 해서 몇 년 만에 저희 가족이 한자리에 모이는 날이었어요…."

이렇게 이야기하던 미란 씨는 한동안 생각에 잠겼다. 꽤 시간이 흐른 후에 그녀가 처음 꺼낸 단어는 '아버지'였다.

"사실은 아직도 아버지를 마주하는 게 무서워요. 지금은 술을 드셔도 예전처럼 행동하지 않는데도요…."

미란 씨가 느끼는 불안은 현실에서 오는 것이 아니었다. 그녀 안에 있는 내면아이가 오래전에 느꼈던, 어두운 방에 숨어 잔뜩 웅크린 채 아버지가 조용해지기만을 기다리던 어린 미란이의 불안이었다. 그녀는 더 이상 공포에 떠는 아이가 아닌 성인이었지만, 그녀 안의 아이는 여전히 아버지를 두려워하고 있었고, 그와의 대면을 앞두고 저도 모르게 극심한 스트레스를 받았던 것이다.

미란 씨는 자신이 잘 극복해 냈다고 믿어 왔지만, 사실은 기나긴 시간 정서적인 문제를 미루고 덮어 두었다는 것을 비로소 깨달았다. 지금이 바로 그 아이와 마주할 때였다.

▶ 나도 모르게 튀어나오는 통제 불능의 아이

어느 학회의 큰 행사를 위해 수많은 연구원이 한 리조트에 모인 날이었다. 행사 진행을 앞두고 연구원들은 바다가 보이는 전망 좋은 레스토랑에서 식사를 한 후 이어서 회의를 하고 있었다. 풍경이 좋아서였을까 회의는 시종일관 유쾌하고 화기애애한 분위기에서 진행됐다.

그런데 한쪽에서 의견을 주고받던 두 사람이 잠시 티격태격하는가 싶더니 A연구원이 갑자기 의자를 박차고 벌떡 일어섰다. 좌중의 이목이 집중되어 있는데도 그는 격앙된 목소리로 소리를 질렀다.

"나 안 해! 안 하면 될 거 아니야!"

A연구원은 아직 행사가 끝나지 않았는데도 그대로 밖으로 나가 버렸다. 남은 사람들은 이 상황을 어떻게 수습해야 할지 몰라 어안이 벙벙해졌다. 참석자 중 하나였던 나도 갑자기 찬물을 끼얹은 것 같은 분위기에 당황하지 않을 수 없었다. 한동안 정적이 흐른 끝에 한 연구원이 가까스로 입을 열었다.

"우리가 저 사람에게 사과를 해야 하는 걸까요, 아니면 사과를 받아야 하는 걸까요? 거참….."

그날 나는 집으로 돌아오는 내내 곰곰이 생각해 보았다. 의자를 박차고 나간 A연구원은 그동안 프로젝트를 성사시키기 위해 대단히 성실하게 애써 온 사람이었다. 그렇기에 오늘 그가 보여 준 행동은 더욱더 이해하기가 어려웠다. 사회적으로 서로 긴밀하게 연관된, 여러 사람이 모인 중요한 자리에서 마치 화가 잔뜩 난 애처럼 말과 행동을 한 이유는 대체 무엇이었을까?

그날의 일정을 처음부터 복기해 보니 짐작 가는 사실이 하나 있었다. 행사의 진행이라는 중책을 맡은 그는 숙소와 행사 장소, 플래카드 하나까지 꼼꼼하게 열과 성을 다해 준비했다. 그런데 농담과 웃음이 뒤섞인 행사장을 보며 다른 동료들이 협조하지 않고 딴죽만 걸고 있다는 생각을 했던 것이다. 사람들 사이에서 그는 '이해받지 못하는' 느낌, '억울하다'는 느낌을 받았을 것이다. 바로 그 순간 그의 깊은 곳에 잠자고 있던 내면아이가 튀어나오면서 그동안 잘 통제해 오던 점잖은 태도는 온데간데없이 사라져 버렸다. 오직 억울한 감정에만 휩싸여 어쩔 줄 모르는 화난 소년이 되어 버린 것이다.

얼마 후, 나는 A연구원과 함께 커피를 마셨다.

"휴… 저 어떡하죠, 교수님? 그때 그렇게 나가 버렸던 게 너무 창피해요."

그는 당시의 행동에 대해 몹시 후회하고 있었다. 그러면서 개인 시간마저 쪼개 가며 자신이 행사를 얼마나 열심히 준비했는지 그 과정을 구구절절 설명했다. 잘하려고 했기 때문에 더 서운하고 억울했던 것이다.

나는 커피를 마시는 동안 그의 입장을 그저 묵묵히 들어 줬다. 그가 호소하는 억울함은 현재에서 온 것만이 아니라 그의 유년기에서 온 것과 합쳐진 것이었다. 굳이 그것을 이야기해 주지는 않았지만, 함께 대화를 나누는 사이 그는 현재와 과거의 연속성을 스스로 알아차렸다. 그에게 가장 필요했던 건 자신의 잘못을 질책하고 책임을 추궁하는 사람보다는 말없이 들어 주고 이해해 줄 사람이었는지 모른다.

성난 아이가 되어 버리는 순간

평소에는 너무나도 괜찮고 멀쩡한 사람, 일 잘하고 유능한 사람, 예의 바르고 상냥한 사람…. 모난 데라곤 찾아볼 수 없는 이런 사람들에게도 마음 깊은 곳에 상처 입은 내면아이가 있을 수 있다. 그렇다면 '내면아이'가 존재한다는 사실을 무엇으로 알 수 있을까? 그 단서가 바로 '퇴행적 행동'이다. 이것은 자신을 보호하고 현실에 대한 불안을 줄이기 위해서 과거 또는 유년기로 돌아가려는 심리적인 행동이다.

프로이트의 딸이자 아동심리학의 대가인 안나 프로이트에 따르면, 뭔가 불안하거나 스트레스를 많이 받을 때 성숙하게 대처하는 것이 아니라 이전의 발달단계에서 사용하던 대처법이 나올 수 있는데, 이것을 '퇴행regression'이라고 한다.

예를 들어 멀쩡히 소변을 잘 가리던 아이였는데 동생이 태어나자 이부자리에 오줌을 싸는 경우가 있다. 동생 때문에 자신이 더 이상 사랑받지 못할까 봐 두려워서 이전의 발달단계인 유아기에 했던 행동을 하는 것이다.

이런 퇴행은 비단 아이들에게만 나타나는 것이 아니다. 내면아이는 의식보다는 무의식에 더 지배되므로, 마음속에 감춰진 상처를 건드리는 순간 저도 모르게 이성을 잃어버리고 미성숙한 행동이 튀어나온다.

대개 퇴행은 성인의 기준에서 봤을 때 매우 유치한 행동으로 나타난다. 어린 시절의 한 시점으로 돌아가는 것이기에 화가 난 애처럼 소리를 지를 수도 있고, 10대 청소년처럼 문을 꽝 닫고 가 버리거나 아무도 자신의 존재를 인지하지 못하게 투명인간처럼 굴 수도 있다. 위기 상황에서 자살을 선택하는 것은 가장 심각한 퇴행적 행동 중 하나다.

이를 지켜보던 주변 사람들은 평소에 그러지 않던 사람이 갑자기 왜 저런 행동을 하는지 도저히 이해할 수 없다. 퇴행적 행동은 스트레스가 극심할 때나 위기 상황 속에서 발생하기 때문에 당사자뿐 아니라 주변 사람들도 곤란에 빠뜨린다. 눈앞의 난제를 풀 수 없을 만큼 더 복잡하게 만들어 버리기 때문이다.

퇴행적 행동을 하고 나면 당사자는 극심한 수치심과 죄책감에 시달린다. 그 사건으로 말미암아 스스로 자존감을 왜곡시키고, 훼손시켜 우울과 무기력에 빠질 수 있다. 무엇보다 자신의 퇴행적 행동의 결과로 만들어진 현재 상황, 그 어떻게 해결해야 할지 모르는 난감한 현실을 마주해야 한다.

상처 입은 내면아이가 현재의 삶에 미치는 대표적인 영향이 바로 퇴행이다. 우리는 언제나 퇴행적으로 행동하지는 않는다. 어렸을 때의 상처가 깊더라도 평소에는 얼마든지 성숙한 성인으로 지낼 수 있다. 퇴행적 행동이 튀어나오는 건 일상 속에서 과거의 상처가 건드려지는 바로 그 지점이다. 그래서 반대로 이를 힌트로 삼을 수 있다. 어떤 사람이 어떤 상황에서 퇴행적 행동을 하는지를 살펴보면 그 사람의 상처 입은 내면아이가 보인다.

◗ 과거에서 온 부채

본인은 인지하지 못하지만, 우리는 과거 상처 받았을 때 자신이 선택했던 행동 방식을 현재의 삶 속에서 반복하고 있다. 그 때문에 과거의 고통을 현재로 거듭해서 소환시켜 자신과 주변 사람들을 힘들게 한다.

내면아이가 과거의 감정을 되풀이해서 겪게 하는 것은 어린 시절에 상처받은 그 경험이 뇌 속의 생화학 작용을 왜곡시켰기 때문이다. 그 결과 과거와 비슷한 상황이나 대상을 맞닥뜨리면 스트레스 호르몬인 아드레날린이 과다하게 분출되고 가쁜 호흡, 빨라지는 심장박동, 혈관 확장, 홍조 등 신체적 반응을 겪는다.

이 경험을 반복할수록 신경은 점점 더 예민해지고, 신체적 반응 또한 강화된다. 그런 상태로 성인이 되면 사소한 스트레스에도 호르몬 방출 체계가 무너지고 곧바로 신체적 경보 태세에 들어가, 정상적인 정보 전달뿐 아니라 기억 능력마저 왜곡된다.

즉 '있는 그대로' 보지 못하는 눈과 귀로 상황을 판단하고 해석해 버려 과거의 상처를 건드리는 사소한 단서에도 예민하게 반응하고 과도한 경보 태세에 들어가는 것이다. 우울, 공포, 강박을 비롯한 다양한 스트레스성 질병은 이러한 과정의 결과인 경우가 많다.

어린 시절 가난, 외로움, 차별, 학대 등 불우한 가정환경에서 성장한 사람이 있다. 그는 그런 환경에서도 잘 자라났고, 이젠 누가 보더라도 어려움을 잘 이겨 낸 대단한 사람이 됐다. 그런데 가장 힘들었던 시기에도 멀쩡했던 그는 어느 순간부터 정서적 문제를 겪게 된다. 작은 어려움에도 과하게 고통을 느끼는 자신을 보며 그 사람은 이렇게 생각할지 모른다.

'그 힘든 시간을 버텨 내고 여기까지 왔는데 내가 왜 이러는 걸까?'

때로는 자신을 탓하고, 또 주변 사람을 원망하며 실수를 반복한다. 그러나 결국 알게 된다. 그 고통의 뿌리가 상대방이 아닌 자기 자신에게 있다는 것을. 이러한 진실을 알게 될 때 그는 이른바 '늑대의 시간'을 대면하게 된다. 해가 질 무렵 사위가 어스름해질 때, 눈앞으로 다가오는 그림자가 믿을 만한 개인지 위험한 늑대인지 알지 못하는 늑대의 시간. 나를 고통스럽게 하는 저 앞의 적이 타인인지 자신인지 깨닫는 그 괴로운 시간을.

불우한 환경 속에서 경제적으로, 사회적으로 살아남는 것이 삶의 목표였던 사람들은 자신의 정서적 문제를 개의치 않으며 뒤로 미루곤 한다. 눈앞의 성과를 좇느라 그런 것에 정신 팔 수 없다고 스스로를 채찍질하며 앞으로만 나아간다. 이렇게 덮어 둔 문제는 내면에 '정서적 부채'로 남아 버린다. 무시한다고 저절로 사라지는 게 아니라 과거에 남긴 빚, 언제가 반드시 갚아야 할 '부채'인 것이다.

'난 그동안 잘해 왔는데…. 왜 이리 작은 일에도 힘들어하는 걸까?'

이런 생각을 한 적 있다면, 내면에 있는 작은 아이가 당신에게 "저를 도와주세요!"라는 간절한 신호를 보내고 있는 것이다. 그 신호에 귀 기울일 때가 왔다.

3

두 번째 화살에는
맞지 마라

▶ 　　제가 종종 애처럼 구는 이유는요

아이를 데리고 놀이치료실에 정기적으로 방문
하던 어머니가 있었다. 그녀는 아이를 위해 무슨 일이든 마다하
지 않는 엄마였지만, 상담실의 직원들은 웬만하면 그 사람을 상
대하고 싶지 않다고 입을 모았다. 이유인즉슨 자신이 원하는 날
짜와 시간에 예약이 되지 않거나 직원의 응대가 조금이라도 마

음에 들지 않으면 불평불만을 늘어놓는 까칠한 성격으로 치료사들을 매번 곤란에 빠뜨렸기 때문이다. 어느 날 아이 일로 그 어머니와 면담할 기회가 생겼을 때, 그녀는 불쑥 내게 이런 말을 꺼냈다.

"제가 어릴 때 상처가 많아요. 그래서 종종 애처럼 행동하죠. 저도 아는데 어쩔 수가 없어요. 통제가 안 돼요."

내면아이 개념을 알고 말한 것은 아니었지만, 놀랍게도 그녀는 자기가 어릴 때 받은 상처가 성인이 된 지금에도 이따금 어린아이처럼 행동하게 하는 원인이라는 사실을 스스로 인지하고 있었다.

프로이트 이후 오늘날의 심리학은 어린 시절 부모와 함께한 경험이 우리의 인생에서 긍정적이든 부정적이든 결정적인 영향을 미친다고 본다. 다시 말하면 어린 시절의 경험은 어떠한 형태로든 흔적을 남긴다는 뜻이다.

성인으로 성장한 후에도 여전히 유년기의 경험과 그때 느꼈던 감정들이 가끔 자신의 존재감을 드러낼 때가 있다. 스트레스에 노출되거나 관계 안에서 불편한 마음이 생겼을 때 여지없이 유년기의 감정들과 마주하게 된다. 내면아이에게 강한 흔적을 남기는 경험은 바로 '상처'다.

어린 시절 상처를 준
첫 번째 화살

"선생님, 저 지금 상담이 급히 필요해요. 요 며칠 동안 잠을 한숨도 못 잤어요. 어떤 방법을 써도 잠을 이루지 못하겠고 아무것도 못 하겠어요. 완전히 공황 상태예요."

사회 초년생 준서 씨(28세)가 전화를 걸어 와 다급한 목소리로 말했다. 몇 시간 뒤 상담실을 찾은 그에게 요즘 무슨 일이 있었는지 물었다. 한동안 입을 꾹 다문 채 이리저리 눈을 굴리던 그가 말을 꺼냈다. "며칠 전 여자친구와 함께 술을 마시고 관계를 했어요. 그런데…."

한 번도 이성 친구를 사귀어 본 적 없는 '모태솔로'였던 준서 씨는 얼마 전 여자친구와 첫 경험을 했다. 그런데 그날 이후 일상생활이 불가능할 정도로 정신적, 신체적 혼란을 겪게 되었다고 했다. 건강한 성인 남성이 사랑하는 여성과 함께 밤을 지낸 게 이 정도로 큰 혼란을 가져올 일일까? 나는 그에게 성과 관련된 어떤 상처가 있으리라 짐작했다. 아니나 다를까, 그는 평생 간직했던 비밀을 힘겹게 꺼냈다.

"여섯 살 때였어요. 집에서 잠을 자고 있다가 깨어나는 순간, 뭔가 큰일이 벌어지고 있다는 걸 본능적으로 알 수 있었죠. 제가 잠에서 깼다는 걸 들키면 안 된다는 것도요."

그가 목격한 것은 집 안에서 벌어지고 있던 아버지의 불륜 장면이었다. 준서 씨는 그날의 일을 어머니를 포함한 그 누구에게도 말하지 않았다. 처음에는 몹시 괴로웠지만, 시간이 지나자 기억은 엷어졌고 당시의 사건이 별일 아닌 것처럼 느껴지기 시작했다. 그 일을 단 한 번도 떠올리지 않고 지내는 날들이 늘어나면서 완전히 잊어버렸다고 생각했다.

그런데 성인이 되고 여자친구와 밤을 보내고 나자, 깊은 곳에 숨겨 뒀던 과거의 상흔이 올라왔다. 그는 보통의 성인 남성이 여자친구와 동침한 후에 느끼는 설렘 같은 감정이 아니라 극심한 죄책감, 수치심, 분노의 감정이 휘몰아쳐 괴로웠다. 사실 그가 느끼고 있는 감정들은 그가 아니라 아버지가 느껴야 하는 것이었는데도.

상처를 치명타로 만드는
두 번째 화살

독일의 심리치료사인 배르벨 바르데츠키Barbel Wardetzki는 불교의 경전인 《아함경》의 "두 번째 화살에 맞지 마라"는 말을 인용해 인간이 상처를 받는 것을 화살에 맞는 것으로 비유한다.

첫 번째 화살은 살면서 누구나 예기치 않게 맞을 수 있다. 마치 유성이 지구에 떨어지듯이 불가항력적으로. 굳이 인과 과정을 따진다면 우주에 떠돌던 유성들이 지구의 중력에 이끌린 것이지만, 지구가 그 유성들을 피하는 것은 불가능한 일이다.

인간은 상처를 받는다고 해서 무조건 분노에만 사로잡히지 않는다. 인류는 원시시대로부터 지금까지 수많은 난관을 헤쳐오며 진화하고 살아남았다. 이 과정에서 만들어진 훌륭한 문제 해결 메커니즘이 바로 '반성'과 '숙고'다. 인류가 동굴에서 살던 시대에는 사냥에 실패하면 온 가족이 하루 종일 굶었다. 그런 날에는 모두 모닥불 앞에 모여 앉아 배고픔 속에서 사냥에 실패한 그 원인을 탐색하고, 다음번에 동일한 실수를 하지 않겠다고 다짐했다. 그 결과로 다음 날에는 전날의 실패를 극복하고 따뜻한 모닥불 앞에서 맛있는 고기를 먹을 수 있었다.

난처한 일이 생겼을 때 우리는 그 일을 되풀이하지 않기 위해 자동으로 반성과 숙고의 메커니즘을 작동시킨다. 상처를 받았을 때도 마찬가지다. 다시는 같은 상처를 받지 않기 위해 반성과 숙고를 시작한다. 문제는 이러한 반성과 숙고가 '자책감'으로만 이어지면, 상처받은 자신에게 죄책감, 수치심, 분노 등의 감정들을 얹어 더 큰 상처를 만든다는 것이다.

이렇게 부정적인 감정을 얹어 상처를 받게 되는 것이 자기 자신을 향해 쏘는 '두 번째 화살'이다. 다른 사람과 격렬하게 다투며 폭풍우 같은 격렬한 감정을 느끼고 나면, 스스로에 대한 죄책감과 수치심이 치밀어 괴로웠던 적이 누구나 있을 것이다.

사람에게 심각한 타격을 입히는 건 첫 번째 화살이 아닌 이 두 번째 화살이다. 첫 번째 화살로 만들어진 마음의 상처가 아직 다 아물지 않았는데, 그 자리에 두 번째 화살을 맞게 되면 상처는 더욱더 깊어져 회복하기 어려운 치명상이 되어 버린다. 많은 사람이 겪는 고통의 근원이 바로 스스로에게 쏘는 화살이다.

낡은 창고에 쌓이는 두꺼운 먼지

준서 씨에게 있어 어린 시절 목격한 아버지의 불륜 장면은 첫 번째 화살이다. 어린 그가 피할 수 있는 것도, 그의 잘못도 아니었다. 문제가 된 건 두 번째 화살이다. 준서 씨는 그 장면을 봤던 자신에게 과도한 죄책감과 수치심 그리고 분노를 얹어서 괴롭히고 있었다. 그를 고통스럽게 한 건 아버지와 그의 불륜 상대에 대한 분노가 아니었다. 그 장면을 목격한 자신을 용서하지 못하고 있었다. '하필이면 왜 그때 눈을 떴던 걸까?' '왜 그 일을 어머니에게 말하지 않은 걸까?' '아버지에게 왜 우리 집에서 그런 행위를 했는지 묻지 않은 걸까?' 당시의 기억과 오래된 자신을 향한 자책, 그리고 원망은 창고 안에서 먼지가 쌓이듯이 그의 내면에 켜켜이 축적되었고, 청소를 하고 싶어도 먼지와 몸통이 서로 붙어 버려 떨어지지 않았다.

평생에 걸쳐 자신이 경험한 것을 잊으려 노력한 덕분에 준서 씨는 어느 정도 잊을 수 있었다. 그러나 여자친구와 보낸 그 밤이 두 번째 화살의 시위를 당김으로써 겉으로는 보이지 않았던 근본적인 상처가 그 모습을 드러냈다. 그가 지금 겪는 불면이나 불안 같은 신체적 증상은 두 번째 화살이 만들어 낸 과도한 죄책감과 수치심에서 비롯된 것이었다. 상담실을 찾아온 준서 씨에게 나는 이렇게 이야기해 주었다.

"당신이 본 것은 아버지의 인생에서 온 것이고 아버지의 몫입니다. 아버지가 느껴야 했던 감정들을 아들인 당신이 몇 배로 느끼고 있고, 거기에다 더욱 부정적인 감정들을 얹어서 스스로를 괴롭히고 있는 것이죠."

의자에 힘없이 앉아 있던 그는 두 손으로 얼굴을 감싼 채 꽤 많은 시간 눈물을 흘렸다. 준서 씨는 여섯 살의 그날부터 지금까지 오래된 상처의 창고 열쇠를 손에 꽉 쥐고 있었으며, 그 문을 여는 것을 누구에게도 허락하지 않았다. 그가 흘린 눈물은 열쇠를 꽉 쥔 손에서 처음으로 힘을 뺐다는 징조였다.

그냥 살던 대로 살면 안 돼요?

상처는 우리가 살아가면서 겪어야 할 운명 같은 것이다. 누구도 받기를 원하지 않지만 늘 받게 된다. 상처는 받을 때만 힘든 것이 아니라 받은 후에 그것을 소화시켜야 하는 힘겨운 과제까지 떠안게 된다.

마음에 상처를 입는 것은 기분이 상하고 자존감이 훼손당하는 경험이다. 수치심과 죄책감이 온몸에서 확 올라오고 얼굴은 하얗게 질리거나 붉게 물들게 된다. 가슴은 두근두근하고 호흡은 불규칙적으로 거칠어진다. 분노와 원망, 후회의 감정들이 몸 전체를 휘감는다. 상처를 준 대상에게 불같이 화를 내거나 아니면 상처를 받은 스스로를 책망하며 자신에게 화를 낸다. 화가 상대를 향하든 자신을 향하든 괴롭기는 마찬가지다.

이런 마음의 상처는 대부분 사람과 사람 사이의 관계에서 발생한다. 상처를 미리 피할 수 있다면 좋겠지만, 복잡한 일상과 인간관계 속에서 모든 상처를 다 피하기란 불가능한 일이다. 태곳적부터 지금까지 지구에 수많은 유성이 떨어지고 있는 것처럼, 아무리 처신을 잘하고 운이 좋더라도 사람과 사람의 관계 안에서는 크든 작든 상처 입을 일들이 생긴다.

분석심리학의 선구자인 카를 융은 상담을 받으러 오는 사람들의 상당수는 비싼 상담료와 시간을 허비해 가면서도 절대 남의 말을 들으려 하지 않고 오직 스스로가 하는 말에만 귀를 기울인다고 했다. 내면아이의 상처를 치료하는 것도 결국 스스로의 몫이다. 마음의 상처가 두꺼운 먼지처럼 쌓여 있는 마음의 창고 앞까지 가는 것에는 전문가의 도움이 필요하지만, 결국 그 문을 여는 것은 본인의 용기에 달려 있다.

상처의 창고를 열려는 순간, 준서 씨는 문득 울음을 그치고 이렇게 물었다.

"이것을 꼭 해결해야 하나요? 그냥 살면 안 되나요?"

그에게 나는 대답해 주었다.

"당연히 그냥 살던 대로 살 수 있습니다. 여섯 살의 준서 씨가 아무에게도 말하지 않고, 아무 일 없었다는 듯 지냈던 것처럼. 하지만 마음 깊은 곳의 상처를 지금처럼 계속 보관해야 할 겁니다. 그러다 창고가 가득 차서 더 이상 보관할 수 없게 되면 그동안 잘 쌓아 두었던 상처들이 갑자기 문밖으로 터져 나올 겁니다. 그때는 지금보다 더 심각할 거예요."

한동안 침묵하던 준서 씨는 달력을 한참 들여다보더니, 조심스레 다음 상담 일을 예약했다. 상처 입은 내면아이를 치료하는 것은 다른 누구도 아닌 자신의 선택과 결정에 달려 있다.

4

당신의 얼굴이
가면이라면

▶ 미소 속에 감춘 상처

무역 회사에서 근무하는 평범한 직장인 보람 씨(29세)는 사람들에게 먼저 다가가는 적극적인 성격에 늘 웃음을 잃지 않아서 주변 사람들에게 '무한 긍정의 아이콘'이라 불렸다. 그러나 늘 밝기만 한 보람 씨에게는 아무도 알지 못하는 사연이 있었다.

몇 달 전 아버지가 하던 사업체에 부도가 나면서 보람 씨의 일상은 완전히 무너졌다. 현실을 견디지 못하고 쓰러진 어머니가 병원에 입원했고, 아버지는 어디론가 사라져서 행방이 불명했다. 가족과 함께 살던 집마저 은행으로 넘어가 버리고, 언니와 남동생은 각자 살길을 찾아 뿔뿔이 흩어졌다. 그야말로 풍비박산이었다.

부도가 나기 전까지만 해도 보람 씨네 가정은 부러울 것이 없는 집이었다. 부모님은 유달리 금실이 좋아 바쁜 가운데에도 사이좋게 국내외 여행을 자주 다녔다. 세 남매 또한 각자 취업과 유학 등으로 저만의 길을 찾아 잘 가고 있었다.

하지만 뜻하지 않던 재난으로 보람 씨의 가정은 미래를 알 수 없는 혼돈 속에 빠졌다. 그런데도 그녀는 전혀 내색하지 않고 예전처럼 긍정의 미소를 유지하며 직장 생활을 했다. 집이 넘어가고, 어머니가 쓰러졌는데도 마치 아무 일도 일어난 적 없는 것처럼.

상담실 의자에 앉아 한참이나 말을 고르던 보람 씨는 몇 분 뒤 겨우 입을 뗐다.

"티를 내지 않아야 버틸 수 있을 거 같아요. 그렇지 않으면 저의 마지막 자존감마저 무너져 버려서… 회사도 다닐 수 없을 거예요."

이 이야기를 할 때 보람 씨의 얼굴은 평소에 듣던 '무한 긍정의 아이콘'과 거리가 멀었다. 밝은 미소를 걷어 낸 뒤의 얼굴에는 삶의 고단함에 지쳐 굳어 버린 표정이 있었다. 이것이 보람 씨의 '진짜 얼굴'이었다.

가면 속에 철저히 감춘 것

또 다른 내담자 수연 씨(25세)는 상담실에서 내게 뜻밖의 이야기를 털어놓았다.

"저는 제가 드라마 작가 같다는 생각을 해요. 매일같이 저를 위해서 새로운 캐릭터를 만들거든요."

대학을 마치고 이제 막 사회에 첫발을 내디딘 수연 씨가 상담실을 방문한 이유는 대인관계에서 받는 극심한 스트레스를 더 이상 감당할 수가 없어서였다. 그녀는 주 5일 직장 생활을 마치고 주말이 되면, 반드시 '자기만의 동굴'에 들어갔다.

방에서 한 발자국도 나오지 않거나 자기를 알아보는 사람이 없는 낯선 동네의 카페에 가서 가만히 앉아 혼자만의 시간을 갖는 식이었다. 그 시간에는 누구의 연락도 받지 않아서 이제 주변 사람들도 수연 씨가 주기적으로 '잠수' 탄다는 것을 당연하게 받아들일 정도였다.

그녀는 중학교 시절 가장 친했던 친구들에게 왕따를 당하고, 이어서 반 아이들 전체에게서 따돌림을 당한 적이 있다고 고백했다. 이후 다시는 같은 일을 당하지 않기 위해서 수연 씨는 다양한 방법을 연구했는데, 그중 가장 효과적이었던 게 대인관계 속에서 자신이 만든 '캐릭터'를 연기하는 거였다.

수연 씨는 만나는 사람이나 관계를 맺는 집단에 맞는 자신의 캐릭터를 사전에 계획하고 복잡한 시나리오를 만들어 '연기' 했다. 예를 들어 직장 상사가 많은 회사에서는 차분하고 조심스러운 캐릭터를, 학교 동기 모임에서는 약간 들떠 있는 푼수 이미지의 캐릭터를 연기하는 식이었다.

캐릭터를 연기하기 위해서는 사전에 해당 인물의 성격과 태도, 말투 등을 치밀하게 연구해야 한다. 그래서 그녀가 자신을 일컬어 '드라마 작가처럼 산다'고 말한 것이다. 드라마 작가가 다양한 등장인물의 캐릭터를 연구한다면, 수연 씨는 매일 자신이 연기할 대인관계에서의 캐릭터에 대해 꼼꼼히 계획을 세웠다. 하지만 자신이 만들어 낸 캐릭터대로 말하거나 행동하지 않았다는 생각이 들면, 순간적으로 극도의 불안감이 올라왔다.

특히 사전에 충분히 계산하지 못한 상태에서 새로운 집단에 들어가게 될 때면 제대로 서 있을 수조차 없을 정도로 공포감이 밀려왔다. 결과적으로 그녀는 대인관계에서의 스트레스를 피하려다가 오히려 자기 자신에게 엄청난 스트레스를 주며 살고 있었다.

그러나 수연 씨는 더 이상 왕따당하던 중학생이 아니라 자신의 능력으로 사회생활을 영위하고 판단하는 어른이다. 그녀가 머무는 환경 또한 교실이 아니라 회사다. 하지만 성인의 몸으로 중학생 때의 대처법을 그대로 유지한 채 살고 있었다. 어렸을 때 통하던 방식이 현재의 삶과 맞지 않는 것은 당연한 일이다. 그녀는 무엇이 힘든지도 모른 채 고통받고 있었다.

자신이 과거에 당한 왕따의 상처를 다시 겪지 않으려고 만들어 낸 복잡한 장치에 스스로 엄청난 에너지를 소모하고 있다는 사실을 깨닫자 수연 씨는 크게 당황했다. 그러나 이제는 연기하며 사는 삶이 자신을 더욱 힘들게 했다는 그 무서운 현실을 마주해야만 하는 시간이 왔다.

상처를 은폐해 주는 거짓 자아

아이는 세상에 태어나자마자 타인의 사랑과 수용을 갈망한다. 사랑받아야 생존할 수 있기 때문이다. 다른 사람으로부터 사랑과 수용을 받으려 하는 욕구는 인간의 선천적인 속성으로 이 욕구 때문에 주변의 사람들, 특히 부모가 매우 '의미 있는' 인물이 된다. 아이에게 의미 있는 타인은 사랑과 수용을 제공하거나 또 제공하지 않음으로써 아이에게 커다란 영향을 미친다.

아이는 성장해 나가면서 부모에게 지속적인 사랑과 수용을 받으려면 그들이 원하는 대로 행동해야 한다는 사실을 알게 된다. 부모가 원하는 것을 알기 위해 그들의 의도를 파악하려는 '촉'이 발달한다. 이런 촉을 발전시킬수록 아이는 부모에게 '사랑스러운 존재'로 여겨지게 된다.

지속적인 사랑과 수용은 아이가 원하는 최고의 선물이기에 아이는 점차 자신의 요구를 외면한다. 자기 내면의 요구를 무시하고 참을수록 부모의 사랑과 수용을 받기 때문이다. 부모가 받아들이지 않는 감정, 행동, 사고는 무가치한 것으로 여겨서 버리게 되고 그 대신 부모가 원하는 감정, 행동, 사고만을 스스로에게 허락한다.

이런 과정에서 발달하는 것이 바로 '거짓 자아pseudo-self'다. 거짓 자아는 타인의 정서적 압력에 쉽게 변하는 자아를 의미하는데 거짓 자아가 형성되면 독립적으로 생각하거나 판단하지 못하고 타인의 견해에 쉽사리 동조하며 타인의 공격이나 비난을 회피하는 데 급급하게 된다. 즉 사랑받고 인정받기 위해, 상처받지 않기 위해 주변 사람들이 좋아할 혹은 남들이 자기에게 원하는 모습을 연출하며 살게 되는 것이다.

내면아이 치료 전문가인 존 브래드쇼는 "진정한 자아를 잃었을 때, 사람들은 자신의 진실한 감정, 욕구, 바람을 잃게 된다. 그 대신에 거짓 자아가 요구하는 감정들을 경험하게 된다. 예를 들어 '아주 착한 사람이 되는 것'은 보편적인 거짓 자아의 모습이다. '착한 여자' 역시 절대로 분노하거나 불만을 말하지 않는다"고 했다.

자기 자신마저 속인다

거짓 자아는 '가면' 외에 또 다른 역할로 기능한다. 독일의 심리치료사 배르벨 바르데츠키는 "거짓 자아는 상처받은 내면아이에게 일종의 '방공호'와 같은 역할을 한다"고 말했다. 다시 말해서 거짓 자아는 사람이 마음의 상처를 입었을 때 자신의 자존감을 보호하기 위해서 사용하는 '방어기제'이기도 하다.

방어기제는 불안하고 불확실한 상황 속에서 스스로를 보호하기 위해서 만들어 내는 방패 같은 것으로, 거짓 자아는 상처를 받지 않게 해 주는 보호막으로도 기능한다. 이것으로 우리는 자존감을 보호할 수 있고, 회복할 수 있다는 가능성을 만들어 다시 삶을 살아 낼 수 있다. 즉 거짓 자아는 부모의 사랑과 관심을 받기 위해서 만들기도 하지만, 타인으로 인해 마음의 상처를 입었을 때 자신을 보호하기 위해서 만들기도 한다.

문제는 거짓 자아의 혜택을 받은 아이의 경우 자신의 진짜 모습을 거부하고 끝없이 다른 사람으로 보이려고 애쓰게 된다는 데 있다. 아이는 그래야 '착한 아이'라고 인정받는다는 것을 터득했기 때문이다.

거짓 자아의 또 다른 부작용은 끝이 없는 '불안'이다. 아무리 자신의 불안을 억누르고, 잊으려고 가면을 써도 불안은 사라지지 않는다. 오히려 자신이 만든 거짓 자아와 진짜 자아 사이의 괴리감으로 인해 내면에는 긴장과 불안이 가중된다. 그런데도 계속 거짓 자아 뒤에 숨으려 하면 완벽주의, 자기감정의 부정, 죄의식, 수치심 같은 것들이 부메랑이 되어 스스로를 공격한다.

지켜 주던 가면이 공격을 할 때

견고해진 거짓 자아는 마치 카멜레온처럼 주변에 자신을 맞추고 요구에 반응하도록 스스로를 이끈다. 주변의 요구에만 모든 관심이 기울어져 있기에 정작 자기 자신의 요구를 아예 알아차리지 못하는 경우도 있다. 물론 그 덕분에 주변 사람과 갈등을 빚지 않고 안전하게 살아갈 수 있다. 그러나 거짓 자아는 갈수록 떨어지는 자신감과 낮은 자존감, 파탄이 나 버린 인간관계, 그로 인한 우울증을 동반한다. 자존감을 보호하기 위해서 형성한 거짓 자아가 지나치게 두꺼워져 버리는 바람에 오히려 자존감이 왜곡되는 역설적인 현상이 일어나는 것이다.

배르벨 바르데츠키는 거짓 자아를 통해서 타인의 시선에 맞춰 살아가는 사람들에게 어린 시절의 상처는 '좀비 상처'가 될 수 있다고 말한다. 이곳저곳을 찌르고 잘라 내도 죽지 않는 좀비처럼, 거짓 자아는 그 실체를 직시하지 않으면 끊임없이 되살아나 우리를 괴롭힌다. 상처의 기억 자체는 지우려 해도 사라지지 않으며, 기억을 지우느라 정신적인 에너지만 빼앗길 뿐이다.

보람 씨가 미소를 잃지 않고 흔들림 없이 생활하는 것, 수연 씨가 여러 캐릭터까지 만들어서 연기하며 사는 것은 그들을 지키고 보호하는 임시방편이 될 수 있다. 하지만 그렇게 한다고 해서 마음의 상처를 '실제' 극복하는 것은 아니다. 거짓 자아에 자기 자신마저 속아 넘어가면 안 된다.

거짓 자아의 가면을 버리고, 현실에서 실제 '나'로 살고 싶다면, 자신의 어려움을 호소하고 털어놓을 수 있는 누군가, 즉 '감정의 배출구'를 마련해야 한다. 함께 있는 동안에는 더 이상 거짓 자아 뒤에 숨을 필요가 없는 관계, 있는 그대로의 자신을 보여 주고, 스스로도 볼 수 있는 관계가 필요하다. 자기만의 안전한 공간을 만들고, 거짓 자아가 진짜 자기 모습이 아님을 알아차릴 때, 가면 뒤의 '가짜 미소'가 '진짜 웃음'이 될 수 있다.

5

더 이상
'척'하지 않아도 돼

▶ 방패를 진 채 안절부절못하는 삶

"저는 생각이 너무 많아요. 결정장애라서 사소한 것도 혼자 결정을 못 하겠고요. 무엇을 할 때 항상 다른 사람 눈치부터 보게 돼요. 저의 이런 소심한 성격을 바꾸는 게 가능할까요?"

대학생 수빈이(21세)는 얼마 전 수업 시간에 수강생들과 함께한 조별 발표를 계기로 상담실을 찾게 됐다. 그녀는 과제 준비를 위해 여럿이 모인 날부터 매 순간이 걱정이었다. 자신이 다른 학생들보다 못할까 봐, 의견을 말했다가 받아들여지지 않을까 봐, 다른 학생들이 자신을 이상하게 볼까 봐…. 심지어 학우들이 하는 말 한마디 한마디를 다 기억했다가 그날 집으로 돌아오면 대화를 복기했다.

'아까 걔가 한 말이 무슨 뜻이었지? 내가 대답했을 때 표정이 이상하지 않았나? 그냥 가만히 있을걸….'

수빈이는 조별 발표 준비 첫날부터 극도의 불안감에 시달렸다. 이런 혼란을 겪은 건 그날이 처음은 아니었다. 새로운 일, 특히 모르는 사람과 같이 무엇을 할 때 그녀는 늘 모든 에너지를 쏟아 남의 행동과 말을 신경 썼다. 그 때문에 항상 긴장해 있고 예민했으며 다른 사람 눈치를 살피느라 잔뜩 위축되어 있었다.

쪼그라든 자신의 모습이 스스로도 너무나 싫었지만, 생각을 멈출 수가 없었다. 불안감을 줄이기 위해 수빈이는 수업 시간에는 물론 일상에서도 '최소한의 것'만 참여하며, 겨우겨우 학교를 다녔다.

그런데 상담을 하며 깜짝 놀랄 만한 사실을 알게 됐다. 수빈이는 어린 시절 지금과는 180도 다른 아이였다고 한다.

"생각해 보면 꽤 활발한 아이였어요. 중학교 1학년까지만 해도요. 발표도 도맡아 하고 친구들과도 잘 어울렸거든요.”

유년기의 수빈이는 자신의 생각과 감정을 표현하는 데 어려움을 겪어 본 적이 없는, 친구들과 자연스럽게 어울리던 아이였다. 그런데 중학교 1학년 때 일어난 한 사건 이후 성격이 극단적으로 변했다. 반에서 가장 인기 많은 아이와 사소한 말다툼이 있었는데, 수빈이가 자기 의견을 고수하자 상대 학생이 높은 인기와 인지도를 이용해 그녀를 압박했던 것이다. 급기야 인기 학생을 따르는 친구들로부터 집단 괴롭힘까지 당했고, 그들의 비아냥거림과 조롱은 그 학년이 끝날 때까지 계속됐다.

중학교 2학년에 올라가 인기 학생과 다른 반이 되면서 더 이상 갈등은 이어지지 않았다. 그러나 그 후 수빈이는 발표도 적극적으로 하지 않았고 친구들 앞에서 말도 많이 하지 않았다. 말수가 극도로 줄어들고, 쉬는 시간에도 혼자 시간을 보내는 날이 많아졌다. 점차 다른 친구들의 눈치를 보며 아예 자리에서 일어서지도 않는 조용한 아이가 됐다.

수빈이는 부모와의 관계보다 또래 관계가 더 중요해지는 사춘기에 대인관계에서 큰 상처를 입으면서 거짓 자아를 강화시켰다. 더 이상 상처받지 않기 위해 ‘가짜 나’를 만들어 스스로를 보호하려고 한 것이다. 자신의 솔직한 성격을 억압하고 언제나 자신의 감정과 생각보다 타인의 시선에 민감하게 반응했다. 그러다 어느 순간 자신을 보호하기 위해 만든 방어막이 지나치게 두꺼워지면서 '진짜 나'를 잃어버리고 만 것이다.

수빈이에게 필요한 것은 소심한 성격을 개조해 밝은 성격을 갖는 게 아니었다. 그녀에게는 지금의 거짓 자아가 자신의 원래 모습이라는 착각에서 벗어나도록 돕는 작업이 절실했다. '나는 원래 솔직하고, 자기의 감정과 생각을 표현할 줄 아는 사람이야.' '거짓 자아를 유지하느라 이러한 사실을 잊어버린 채 남의 눈치만 보고 불안해하며 살고 있었어.' '지금까지의 방식을 내려놓아야 해'라고 자각하는 과정이.

이런 사람에게 "네 성격을 근본적으로 바꾸라"고 말하는 것은 부절적하다. 수빈이는 이미 '소심한 성격'이라는 자신의 문제를 해결하려고 그간 무진 노력해 왔다. 그녀가 현재의 문제에서 벗어나기 위해서는, 이제까지의 대응방식을 탐색한 후 중학교 때의 것이 아닌 20대의 삶과 환경에 걸맞은 방식으로 바꾸는 작업을 해야 한다.

상처에 대응하는 방법

일본 작가 오쿠다 히데오의 소설 《공중그네》에는 공중그네 묘기를 하는 베테랑 곡예사 '고헤이'가 등장한다.

10년이 넘게 공중그네를 타면서 서커스단에서 최고의 자리를 지켜 왔건만, 그는 어느 순간부터 번번이 묘기에 실패하게 되는데, 고헤이는 이 모든 게 스윙을 받아 주는 동료인 캐처의 잘못이라고 그 책임을 돌린다.

그가 소속되어 있는 서커스단도 사회가 현대화되면서 거센 변화의 시기를 맞고 있었다. 과거에는 단원들이 가족같이 지냈지만, 부모님이 단원이었던 토박이들이 사라지면서 점차 스턴트맨 출신의 신입들이 자리를 차지했다. 주인공이 세력권을 침해당했다고 느끼면서 신입 단원의 대표주자인 캐처와도 갈등을 빚었다. 그런데 고헤이는 정신과의사인 닥터 이라부를 통해 캐처가 일부러 자신으로 하여금 실수하도록 만든 게 아니라 스스로가 캐처를 믿지 않았기 때문에 공중그네 묘기에 매번 실패했음을 알게 된다.

부모가 서커스 단원이었기에 고헤이는 학창 시절 내내 두 달에 한 번씩 다른 곳으로 전학을 가야 했다. 같은 상황이 반복되자 그는 새로운 친구와 이별해야 한다는 슬픔을 느끼지 않기 위해 마음의 벽을 쌓아 놓고 누구에게도 마음의 문을 열지 못하는 사람이 되었다. 고헤이가 새로 온 신입 단원들을 경계하고 믿지 못했던 것은 또다시 친구를 잃어버릴지 모른다는 두려움에서 비롯된 것이었다.

그가 마음의 상처를 치유하게 된 것은 문제의 원인이 새로운 친구를 잃게 될지 모른다는 자신의 두려움이었다는 것을 인정하면서였다. 내면에 숨겨져 있던 진짜 감정을 만난 것이다. 자신의 두려움을 알아차리고 마음을 열자 그는 오랜만에 공중그네를 멋지게 성공해 보인다.

▶ 피한다고 두려움이 없어질까

어린 시절 누군가 때문에 마음이 다쳤거나 커다란 실패로 마음의 기능에 문제가 생겼을 때 그 과거는 현재에도 지배적인 영향력을 미친다. 그때 겪은 것과 비슷한 상황에서 저도 모르게 튀어나오는 무의식적인 감정 반응은 과거 자신이 했던 대응방식이다. 상처 입은 내면아이를 지닌 사람들이 상처를 받았던 과거와 유사한 상황을 맞닥뜨리거나 과거의 상처를 떠오르게 하는 사소한 경험을 하게 될 때 자신을 방어하기 위해서 주로 사용하는 것은 '회피'와 '저항' 전략이다.

이런 사람들은 상처받은 자신의 감정을 깊숙이 숨기고 자기의 감정이 건드려지거나 위태로워질 수 있는 모든 접촉을 회피한다. 해당 상황이 벌어질 만한 물리적 공간을 피하는 것, 극도로 움츠러들어 누가 어떤 요구도 할 수 없게 만드는 것, 다른 상황에 과몰입하는 것, 최소한의 노력만 하는 것 등이 그것이다.

또 말이나 행동의 원인을 상대에게 돌려 공격하거나 반항하는 전략을 쓰기도 한다. 이러한 태도를 취하면 표면적으로는 더이상 과거와 같은 상처를 받지 않을 것처럼 보이지만, 실제 삶과 일상은 여전히 고통스럽다. 언제나 방패를 손에 단단히 쥐고, 조금이라도 빈틈을 보이지 않기 위해 24시간 안절부절못하며 살아야 하기 때문이다.

아프지만 위대한 첫걸음

카를 융은 우리 인간은 끔찍할 정도로 완고한 보수주의자이기에 "웬만해서는 변화하려 하지 않는다"고 말했다. 변화는 누군가의 명령이나 지시에 의해서가 아니라 스스로 절박함을 느끼고 어려움을 알아차려야 비로소 가능해진다. 수빈이와 고혜이 또한 상처를 피하기 위해 만들어 낸 자신만의 대응방식을 더 이상 고수할 수 없게 한 외부적인 사건이 발생하지 않았다면, 아마도 죽을 때까지 그 방식을 유지할 수 있었을 것이다. 당연한 일이고, 필요한 일이라 여기며 살았을 것이다.

물론 과거의 한 시점으로 돌아가 웅크리고 있는 내면아이를 조우하는 일은 신나고 즐거운 과정이 아니다. 오히려 오래된 고통을 만나는 일이기에 큰 용기가 필요하다. 이게 자신의 성격이라고, 그래서 당연한 거라고 생각해 왔던 대응방식이 더 이상 상처받지 않으려고 내면아이가 숨겨 놓은 장치라는 사실을 인식하는 데는 커다란 아픔이 동반된다. 그렇기에 이때는 진정으로 자신의 상처를 공감해 주는, 자신에게 지지를 보내 주는 누군가의 동행이 필요하다. 여기에는 심리 상담 전문가도 포함된다. 고혜이에게 닥터 이라부가 도움을 줬던 것처럼, 또 수빈이가 상담실을 찾았던 것처럼 말이다.

상담실에서 자신의 이야기를 털어놓던 수빈이는 남의 말과 행동 하나하나에 의미를 부여하고, 사람들의 기분을 살피며, 아무것도 스스로 결정하지 못하는 자신의 소심한 성격이 실제 자신의 것이 아니라는 사실에 매우 놀랐다. 그 모습이 중학교 1학년 때 일어났던 한 사건에서 비롯됐다는 것과 그토록 작은 사건이 심리 상담을 받을 만큼 현재의 자신에게 커다란 문제가 되었다는 게 가장 충격적이라 했다. 너무 많은 시간을 헛되이 보낸 것 같다면서 눈물을 쏟았다.

하지만 인생 전체를 놓고 보면, 이 고통의 시간은 치유를 향해 첫발을 내딛는 대단히 귀중한 기회다. 새로운 가능성을 재발견하는 절호의 찬스다.

수빈이에게 필요한 건 약점을 내보이는 것을 두려워하지 않는 용기였다. 사람과 사람 사이에서 친밀하고 진실된 인간관계를 형성하려면 오히려 자신의 완벽한 모습만이 아니라 단점도 내보일 수 있어야 한다. 보여 주고 싶은 모습만 보여 줄 때 그 사람의 관계는 더 이상 진전될 수 없다. 자신의 다양한 모습을 솔직하게 표현하고, 실랑이를 하고, 서로 이해하는 과정을 통해 사람들은 상대를 신뢰하게 되고 솔직함과 자연스러움 그리고 편안함이란 감정이 주는 기쁨과 만족감을 얻을 수 있다. 그렇게 할 때 '진짜 자아' 또한 찾을 수 있다.

6

괜찮아,
상처일 뿐이야

▶ 자꾸만 나타나는 과거의 상처

　　몇 년 전 인기리에 방영되었던 노희경 작가의
TV 드라마 〈괜찮아, 사랑이야〉에 등장하는 주인공 장재열(조인
성 분)은 잘생긴 외모를 가진 베스트셀러 작가이자 인기 라디
오 DJ로 남들이 보기에 완벽한 삶을 사는 사람이다. 그러나 실
상을 살펴보면 침대에서는 자지 못하고 욕실의 욕조에서만 잠

들 수 있으며, 색깔과 청결에 집착하는 강박이 있는 등 쉽게 이해할 수 없는 행동을 하는 인물이다. 그러던 어느 날 장재열은 과거의 상처와 직면하면서 공황 상태에 빠져 버리고 그 때문에 안정되어 보였던 삶은 비틀어진다. 극 중에 나오는 고등학생 한강우는 오직 그의 눈에만 보이는 환상의 인물이다. 이 환시로 인해 장재열은 흔히 정신분열증이라 불리는 조현병 진단을 받게 된다.

한강우는 바로 상처 입은 내면아이를 형상화시킨 인물이라 할 수 있다. 폭력을 휘두르던 의붓아버지, 매 맞는 어머니를 지켜 주지 못한 것에 대한 무력감과 미안함, 형이 의붓아버지의 살해 누명을 뒤집어쓰고 교도소 생활을 한 것에 대한 깊은 죄책감이 투사되어 환상의 인물이 만들어졌다. 현실에서의 장재열은 성공적인 삶을 살아가지만 자신의 내면아이 한강우를 만나면서, 이미 해결된 줄 알았던 과거의 상처와 마주하게 된다.

은폐한 상처는 반드시 돌아온다

프로이트는 "아무리 하찮은 경험이라도 반드시 인간의 내면에 어떤 흔적을 남기게 마련이며, 이 흔적으로 인해 평생에 걸쳐 정신적인 반복과 수정이 계속된다"고 말했다. 과거의 흔적이 미치는 가장 대표적인 영향 중 하나가 '반복성'이다. 프로이트는 사람에게 과거를 반복하려는 무의식적인 본능이 있다고 보고, 이것을 '반복강박repetition compulsion'이라 불렀다.

반복강박은 어떤 장점을 얻지 못하더라도 과거의 경험과 상황을 반복하려는 맹목적인 충동으로, 어린 시절에 많은 스트레스와 불안을 느꼈던 사람은 현재 생활에서도 비슷한 상황과 감정들을 다시 느낄 가능성이 높다. 저도 모르게 익숙한 패턴으로 습관적인 선택을 함으로써 과거부터 껴안고 있는 스트레스, 불안이 지속되고 불행이 반복된다.

드라마에서 장재열은 과거의 상처를 부인하고 꼭꼭 숨기려 하지만, 감춘다고 해서 상처는 사라지지 않는다. 오히려 행복을 느낄 때마다 엄습하는 죄책감 때문에 자해를 반복함으로써 자신을 불행의 구렁텅이로 밀어 넣는다. 상처 입은 내면아이 한강우가 더 버티지 못하고 그의 의식 밖으로 나온 것은 그동안 은폐하려고만 했던 노력의 부작용이다. 급기야 그는 자살 시도라는 자기 파괴적인 행동을 저지르고 만다.

극 중에서 장재열은 자신의 눈앞에 나타난 고등학생 한강우가 실제 인물이 아닌 자신이 만들어 낸 환시임을 깨닫게 되고, 피하고만 싶었던 과거의 자신과 직면한다. 드라마의 말미에서 장재열은 한강우를 불러내어 병실 침대 위에 앉히고는 그의 발을 닦아 준다. '현재의 나'인 장재열과 '과거의 나'인 한강우가 만나, 현재의 내가 과거의 상처 입은 나를 마음 깊이 공감하고 존중해 주는 모습을 직접적으로 보여 주는 장면이다.

이 장면에서 연출된 공감과 존중은 내면아이 치유에서 반드시 필요한 단계다. 내면아이 치유는 상처를 부인하고 은폐하는 것이 아닌, 있는 그대로 받아들이는 것에서 시작되기 때문이다.

▶ 열심히 살아온 나에게 왜 이래?

"아내가 아이들을 데리고 친정으로 가 버렸어요. 저한테 지금 이혼을 요구하고 있는데 어떻게 해야 할지 모르겠습니다."

중견 기업의 임원으로 재직 중인 영철 씨(52세)는 소위 말하는 '개천의 용'으로 자수성가한 사람이었다. 그는 태어날 때부터 가난했다. 두 부모가 생존해 있었지만, 경제적 활동을 전혀 하지 않아 고아나 다름없었다. 자기 방은커녕 가족 소유의 집을 가져 본 적이 없어 셋집을 수십 군데나 옮겨 가며 살았다. 운 좋게도 그의 명석한 머리를 아까워한 선생님들 덕분에 고등학교까지 무사히 마칠 수 있었고, 대학교에 입학한 뒤로는 쉬지 않고 과외를 하며, 장학금을 받은 끝에 졸업해 냈다. 이제는 신도

시에 아파트를 소유하고 고급 세단을 몰 정도로 성공한 사회의 일원이었다. 결혼해서 한 가정을 일군 그는 누가 보더라도 불행을 잘 극복하고 잘 살게 된 입지전적인 인물이었다. 그런 그가 지금 이혼의 위기 앞에서 혼란스러워하고 있었다.

많은 시간이 흘렀지만, 그는 가난했던 어린 시절의 고통을 잊지 못했다. 지금은 물질적으로 아무런 부족함이 없는데도 언제 경제적 궁핍이 닥칠지 모른다며 구두쇠 영감처럼 굴었다. 문제는 가족들에게도 똑같은 방식을 강요했다는 것이다.

아내에게는 하루 3만 원 단위로 생활비를 주었고 그 이상의 돈은 수없이 사정하고, 설득해야 겨우 내줬다. 얼마나 병적으로 절약했는지 그는 바나나를 살 때도 묶음으로 산 적이 없었다. 어느 날에는 바나나를 딱 하나만 사 들고 와 가족들이 보는 앞에서 혼자서 먹었다. 도를 넘어선 영철 씨의 자린고비 같은 행동에 가족들은 분개했고, 아내는 아이들을 데리고 친정집으로 떠나 버렸다.

풍족한 어른이 되었지만, 그의 내면에는 가난 때문에 밥을 굶고 매일 불안감 속에서 몸부림치던 어린 영철이가 여전히 살아 숨 쉬고 있었다. 현재의 삶에서 이루어 낸 성공이 어린 영철이의 배고픔까지 달래 주진 못했던 것이다.

영철 씨가 과거를 극복했다고 생각했던 것은 맹목적으로 미래만 보고 달리며 뒤를 돌아보지 않아서다. 그는 부와 명예를 손에 쥔 지금도 여전히 미래만 보고 달려가고 있었다. 마땅히 누려야 할 현재의 작은 여유도, 평범한 기쁨도 허용하지 않은 채 언제 닥칠지 모르는 어려움만 준비하며 살아가고 있었다.

그에게는 현재와 미래가 존재하지 않았다. 오로지 과거만이 반복되고 있었다.

▶ 상처는 숨고 싶어 한다

게슈탈트 치료의 창시자인 독일 출신의 심리 치료사 프리츠 펄스Fritz Perls는 영철 씨처럼 현재 속에 살기를 거부하는 사람들이 심리적인 질병인 신경증을 겪게 된다고 했다.

"과거는 과거일 뿐이잖습니까. 저는 다 극복했다고요!"

상담실에 찾아온 많은 사람이 이렇게 주장한다. 하지만 아무리 과거의 상처를 부인하고 새로이 과거를 수정하려고 해도 여전히 과거는 현재의 삶에 흔적을 남기고 지속적인 영향을 미친다.

상처는 숨기를 원한다. 고통스러웠던 경험일수록 무의식 깊은 곳으로 내려가 가능한 한 잘 기억나지 않도록 철저히 은폐된다. 이것은 상처로부터 자신의 마음을 보호하기 위해 어쩔 수 없이 만들어 낸 방어시스템 중 하나다. 이렇게 방어를 해야 일상생활을 살아갈 수 있으니까.

문제는 과거의 불행이 철저하게 은폐될수록 상처로 인한 고통이 지속적으로 반복되어 나타난다는 점이다. 회복은 과거의 상처를 부인하기보다 오히려 과거에 자신이 상처받았음을 인정하고 그 영향을 받아들일 때 가능해진다.

영철 씨는 가족들이 그를 이해하지 못하고 떠나갔을 때 큰 충격을 받았다. 가족에 대한 분노와 원망의 감정에 휩싸였다.

"아내와 애들은 돈이 없다는 게 진짜 뭔지 전혀 몰라요. 언제 쫓겨날지 모르는 셋방에서 불안에 떠는 게 뭔지, 밥 대신 물을 먹는 게 어떤 기분인지, 당장 내일 어떤 일이 벌어질지 모른다는 게 얼마나 무서운 건지 말이죠."

그는 가족의 행동에 반성은커녕 화를 냈고 이 모습을 본 아내와 아이들은 더욱 상처를 받아 갈등의 골은 깊어져만 갔다. 그에게 가족과의 관계를 회복할 길은 정녕 없는 것일까?

◗　　　　내 안의 작은 아이야, 안녕?

사실 그는 누구보다도 외로운 사람이었다. 이 세상 그 누구도 자신의 두려움과 불안을 몰라주는 것이 힘들었다. 그가 절약한 이유도 가족의 앞길을 보장해 주기 위함인데, 그 마음을 알아주지 않으니 서운했다. 하지만 이렇게 가족들에 대한 원망의 감정에만 머물며, 자기연민과 동정에 휩싸이면 결국 관계는 파국을 향해 가게 된다.

이제부터 영철 씨는 살면서 한 번도 가 보지 않은 길에 발을 내디뎌야 한다. 어린 시절 가난으로 받은 마음의 상처가 없어진 것이 아니고, 현재의 윤택한 삶으로 해결되지도 않았으며, 가난과 연관되는 모든 단서 앞에서 지나치게 예민하게 굴고 있다는 것을 인지해야 한다. 또한 단서를 감지한 즉시 경보태세에 들어가 과잉 대응을 하고 있는 자신의 모습을 받아들여야 한다. 자신을 괴롭히는 불안감과 두려움이 현재가 아닌 과거로부터 오고 있다는 것을 알아야 한다.

내면아이와의 화해는 자신 안에 있는 상처 입은 아이가 누구이며 어떤 모습을 하고 있는지를 아는 데서 시작된다. 내면아이의 존재를 인정하는 것은 오래된 공동묘지에서 유골을 파내는 것처럼 끔찍한 경험일 수 있지만, 막상 인정하게 되면 자신이 찾아낸 것이 '유골'이 아닌 '황금'이라는 사실을 깨닫게 된다.

상처 입은 내면아이가 여전히 간직하는 감정들을 발견하고 이것들을 인정하고 존중하게 되었을 때 비로소 자신을 거부하지 않고 받아들일 수 있다.

자기수용이라는 것은 아픔과 약점도 함께 가지고 간다는 뜻이다. 반복적으로 끊임없이 스스로에게 고통을 주던 실체가 다른 누구도 아닌 바로 자신이라는 것을 알게 될 때, 그 고통의 근원을 없앨 수 있는 것 또한 자신이라는 것을 의식할 때, 황금을 발견한 것 같은 기쁨을 느낄 수 있다.

7

당신의 심장을
좀먹는 도둑

▶　　　 못난 내가 너무 싫어

　　"저같이 못난 사람을 본 적이 없어요. 형편없는
저 자신이 너무 싫어요."

　　소현 씨(35세)가 이렇게 이야기했을 때 내 귀를 의심하지 않
을 수 없었다. 세련된 외모와 고급스러운 옷차림으로 상담실을
찾아온 그녀는 겉보기에도 그렇지만, '스펙' 또한 누구나 부러

72

위할 만한 여성이었기 때문이다.

어렸을 때부터 맞벌이를 한 소현 씨의 부모님은 모두 명문대 출신으로 각자의 분야에서 꽤 이름 높은 사람들이었다. 그녀 또한 유년기부터 부모님을 따라 외국 생활을 오래 했고 미국에 있는 유명 대학을 졸업한 후 국내로 돌아와 외국계 회사에서 꽤 높은 위치까지 올랐다.

그런 그녀에게 언제부턴가 알 수 없는 습관이 생겼다. 퇴근하고 집에 돌아오거나 주말에 혼자만의 시간이 생기면, 인형 하나를 침대 위에 세워 놓고 혼을 내는 것이다. 보통은 그날 있었던 자신의 잘못을 지적하는 것으로 시작했다.

"그때 왜 그렇게 멍청한 말을 했어?" "오늘 성과를 낸 게 하나도 없잖아?" "너는 그거 하나 못 하니?"와 같은 말들은 "저리 꺼져" "나는 네가 진짜 싫어" "너는 왜 이렇게 못났니?"라는 말들로 이어졌다. 물론 인형을 향해 하는 모든 말은 자기 자신을 향한 질책이었다. 소현 씨는 언제나 자신이 불만족스럽고, 자신의 단점과 지난날 어리석게 행동했던 일들이 떠올라 매일 밤 괴롭다고 했다.

"그나마 20대 때만 해도 미래에 대해 막연하게나마 희망이 있었어요. 그런데 지금의 저는 뭐죠? 나이는 먹어 가는데 마지못해 겨우 직장 생활을 할 뿐이라고요. 제가 진짜 좋아하는 일이 뭔지 아직 찾지도 못했어요. 새로운 일을 시작하기에는 너무 늦은 나이가 되어 버렸고요. 이런 제가 너무너무 짜증 나고, 못마땅해요."

자기혐오의 말을 끊임없이 내뱉는 소현 씨는 직장 동료들과의 관계도 불편하다고 털어놓았다. 동료들은 그녀를 예민하고 까칠해서 상대하기 어려운 사람이라 평가했다. 그녀 자신도 그 사실을 어느 정도 알고 있었고, 이러한 이미지는 이미 굳어진 상태였다. 연애 또한 늘 실패였다. 한 사람과 진실한 소통을 통해서 친밀한 관계가 되어 가는 경험을 그녀는 단 한 번도 해 보지 못했다.

그러나 사람들과의 관계가 불편한 것도, 자기 자신이 한심하게 느껴지는 것도, 그녀의 실제 능력과는 상관없었다. 문제는 그녀의 낮은 자존감이었다.

당신이 항상 남을 비난하는 진짜 이유

1890년대 미국의 철학자이자 심리학자인 윌리엄 제임스William James가 처음으로 사용하기 시작한 자존감 self-esteem은 인간의 가장 기본적인 욕구로, 자기 스스로를 어떻게 받아들여서 행동하는지를 결정하는 개념이다.

우리의 일상생활을 지배하는 감정, 욕구, 판단, 가치, 경험의 의미를 해석하는 방식에 커다란 영향을 미치는 자존감은 어린 시절 돌봄을 주었던 부모를 비롯한 중요한 어른과의 상호작용 속에서 형성된다. 인간은 누구나 사랑과 인정을 받기를 원하며, 자신이 가치 있고 소중한 존재이기를 바란다. 그로 인해 자존감의 욕구를 성취하게 되고 스스로를 의미 있는 존재로 여길 수 있게 된다.

해바라기 씨앗이 생겨나는 순간 이미 그 씨앗 안에는 훗날 피어날 해바라기에 대한 모든 정보가 담겨 있다. 그런 것처럼 인간의 내면에 있는 자존감의 씨앗은 그 사람이 앞으로 살아가면서 다른 사람과 어떻게 관계를 맺고, 어떤 사람을 만나고, 어떻게 주어진 환경을 해석하고 적응하면서 살아갈지에 대한 핵심 정보를 갖고 있다.

이 자존감에 크나큰 손상을 입히는 것이 바로 어린 시절에 겪은 상처다. 과거의 상처는 성장하는 동안 우리의 자존감을 떨어뜨려 스스로를 존중하거나 사랑하지 못하게 만든다. 상처가 깊고 많을수록 자존감이 낮아지고, 자신과 이 세상을 부정적으로 보게 된다. 바꿔 말하면 낮은 자존감은 상처 입은 내면아이의 기본적인 특성이라고 할 수 있다.

상처 입은 내면아이와 낮은 자존감의 문제가 잘 드러나는 것은 대인관계에서다. 낮은 자존감은 두 가지의 상반된 모습으로 나타나는데, 그 첫 번째가 다른 사람의 판단과 욕구에 지나치게 신경을 쓰는 사람이다. 다른 사람 눈치를 보고 자신감 없이 위축되어 자기가 누구인지, 자기가 원하는 게 무엇인지 모른 채 살아가게 된다.

나머지 하나는 다른 사람을 지나치게 통제하려 하고 심하게 공격적인 태도를 보이는 사람이다. 이들은 다른 사람의 사소한 실수를 참지 못하고 비난한다. 그로 인해 사람들과 좋은 관계를 형성하지 못하고 늘 긴장과 갈등을 반복한다.

자존감이 변하면 인생도 바뀐다

고전평론가 고미숙은《나의 운명 사용설명서》에서 우리에게 주어진 운명, 팔자를 바꾸는 방법은 '일상의 리듬'을 바꾸는 것이라고 말한다. 매일 반복하는 행동을 바꾸면 인생이라는 전체 텍스트에 변화를 가져다줄 수 있다는 것이다.

이 책에서 표현한 '리듬'을 바꾸기 위해 꼭 필요한 것으로 나는 '자존감'을 꼽고 싶다. 일상을 지배하고 일상의 모든 것을 해석하는 자존감이 변화할 때 인생이 변하기 때문이다.

지금의 나 자신은 매일매일 내가 한 선택과 그에 따른 행동의 결과물이다. 매 순간 스스로에게 내리는 가치 평가는 외부적 환경보다 더 중요한 요인이 된다.

스스로를 가치 있다고 여기는 사람만이 자신을 존중하고 다른 사람도 존중할 수 있다. 그 결과가 타인과의 원만한 관계다. 그래서 자존감은 '사회적 인간Homo Sociologicus'인 인간에게 생존의 핵심이라고 할 수 있다.

"나는 나를 사랑해"라고 할 수 있는 사람은 단단한 자의식을 갖고 있기에 다른 사람의 행동이나 반응에 크게 영향을 받지 않고 자신의 주관대로 살아갈 수 있다. 눈치 보지 않고, 자신의 솔직한 감정을 내비치면서도 타인과 문제없이 지낼 수 있다.

반면에 자존감이 낮은 사람은 항상 누구가의 인정을 필요로 한다. 자신을 알아봐 주고 지지해 주는 사람에게 과도하게 의지하게 되는데, 문제는 둘 사이에 마찰이 생기면 언제나 책임을 스스로에게 돌린다는 것이다.

자신을 비난하는 건 문제의 원인을 가장 쉽게 찾는 방법이다. 당연히 원인을 찾기 위해 들이는 시간과 노력이 줄어들기 때문에 그만큼 짧은 시간 안에 마음이 편해질 수 있다. 그러나 문제의 실체와는 멀어진다. 대인관계가 힘들어지는 것은 단지 자신의 성격과 행동의 문제만이 아니다.

나를 사랑할 때
남도 사랑할 수 있다

　소현 씨가 대인관계에서 어려움을 겪는 가장 큰 이유는 늘 다른 사람을 비난하는 습관 때문이었다. 그녀는 다른 사람이 자신의 기준이나 판단에 미치지 못하면 화를 참지 못했다. 남들이 과하다고 여길 만큼 해당 인물에게 목소리를 높여 가며 맹렬하게 비난했다.

　이것이 반복되자 그녀의 평판은 시간이 갈수록 나빠졌고, 회사 사람들은 웬만하면 그녀와 엮이지 않으려고 했다. 그럴수록 남들을 향한 그녀의 비난은 더욱 심각해졌다. 서류상의 오타 하나 같은 작은 실수에도 소현 씨는 책상을 치며 소리를 지르는 지경이 되었다. 모든 것이 그녀의 낮은 자존감에서 비롯된 공격성과 비난의 행동이었다. 이것들은 결국 그녀의 대인관계와 사회생활뿐 아니라 생존에도 대단한 위협이 될 게 분명했다.

　그녀는 자기 자신에게도 아주 엄격한 기준을 적용했다. 자존감이 낮은 사람은 다른 사람을 비난하는 것만큼 스스로에게도 비난을 퍼붓는다. 자신을 존중하지 않기 때문에 다른 사람들을 존중하는 것도 어려워한다. 바로 이것이 낮은 자존감이 대인관계를 곤란하게 만드는 이유다.

자존감은 대인관계 중에서도 특히 친밀한 관계에서 중요한 역할을 한다. 사랑할 대상을 선택하고 상대방으로부터 사랑을 받는 모든 과정에서 자존감이 중요한 역할을 한다. 자기 스스로 사랑받을 가치가 있다고 느끼지 못하는 사람은 다른 누군가가 나를 사랑한다는 것을 믿기 어려워한다. 어떤 사람이 사랑에 계속 실패한다면, 그 이유는 좋은 상대를 만나지 못했거나 상대방이 한 특정 행동 때문일 수도 있지만, 알고 보면 자신이 스스로를 사랑하지 않아서인 경우가 많다.

내가 자신을 얼마나 사랑하지 않았는지를 알아차리는 것에서부터 회복은 시작된다. 세상 사람들로부터 내가 소중하고 가치 있는 존재라는 사실을 인정받기 위해서는 먼저 나는 소중한 사람이며 가치 있는 존재라는 것을 스스로 받아들여야 한다.

더 나은 나를 만든다는 명목하에 끊임없이 자기비하를 하고, 남과 비교하면서 채찍질하고, 자신을 쉴 새 없이 못마땅해하는데서 올라오는 불안감 때문에 스스로를 억압하는 것으로는 성장과 행복에 이를 수 없다. 진짜 성장은 있는 그대로의 자신을 인정할 때 이루어진다. 그러기 위해서는 먼저 자신과 접촉해 실제적 자기를 만나는 과정이 필요하다.

그날 상담을 마친 소현 씨는 한동안 멍하니 앉아 있다가 작은 소리로 말을 이었다.

"저조차 저를 사랑하지 않는다면, 지구상에 저를 사랑하는 사람은 아무도 없는 거겠죠…."

상담실을 나선 소현 씨는 대기실 의자에서도 한참이나 앉아 있다가 다음 상담을 예약했다. 드디어 자신을 사랑하는 방법을 찾는 여정을 시작한 것이다.

8

대체
뭐가 미안한 건데?

▶ 소통의 기술에 꼭 필요한 것

영국 작가 알랭 드 보통의 소설《우리는 사랑
일까》에는 상처 입은 내면아이를 간직한 '완벽한 인물'이 등장
한다. 전직 의사이면서 은행가라는 엄청난 스펙을 가진 데다 우
월한 외모와 로맨틱한 매너까지 갖춰서 어떠한 여성이든 능숙
하게 유혹해 내는 남자, 에릭이다. 그는 티끌만 한 것에도 완벽

함을 추구하며, 주변 환경을 빈틈없이 장악하고 통제하고 싶어 한다. 예컨대 전화선이 세 번 이상 꼬여 있거나 자신이 정한 자리에 물건이 놓여 있지 않으면 참지 못할 정도로 무질서를 싫어하는 식이다. 소설 속 그는 내면아이의 개념을 몰랐지만, 사실 에릭이 기피했던 것은 자신의 내면아이를 만나는 것과 관련된 모든 일이었다. 특히 그는 자신의 모든 감정적 욕구를 '혼란'으로 여기며 회피했다. 외롭거나 슬프거나 위로받고 싶은 감정은 매우 자연스러운 것인데도 받아들이지 못했다. 이런 감정들이 몰아치면 미친 듯이 일에 몰두하거나 무언가에 탐닉하듯이 빠져들어 감정을 해소했다.

자신의 감정을 느끼려 하지 않는 사람은 다른 사람과의 감정적인 과정 또한 피하고 싶어 한다. 자기 안의 감정과 만나는 것을 극도로 꺼리면서 상대방에게도 이를 절대 허용하지 않는 것이다.

소설에서는 완벽해 보이는 에릭이 왜 그토록 내면아이와 만나는 것을 두려워하는지 그 배경을 다음과 같이 설명한다.

어린 시절 그의 아버지는 강제 퇴직을 당한 후 매일같이 술을 마시고, 어머니에게 폭력을 가했다. 어머니는 가정을 지키기 위해 이 사실을 숨기려 했지만, 모두가 잠든 늦은 시간에 아버지가 어머니를 때린다는 사실을 아이들은 이미 알고 있었다. 어머니의 고통과 아버지의 통제되지 못한 분노가 집안 전체를 지배하는데 아이들이 이것을 모를 리 없었다.

이러한 환경에서 에릭은 자신의 자연스러운 감정을 드러내서는 안 된다는 것을 학습하게 됐고, 자신과 주변을 완벽하게 통제해야 직성이 풀리는 사람으로 성장했다.

자연스러운 감정적 욕구를 회피하는 사람은 감정의 마비를 요구받은 사람이다. 정서적 한센병이라고도 불리는 '감정의 마비'는 한센병에 걸리면 신경이 죽어 손가락이 잘려 나가도 아무런 통증을 모르는 것처럼 의심, 불안, 분노, 슬픔, 무기력 등 다양한 부정적 감정을 느껴도 겉으로 표현하지 못한다. 어린 시절 가족 안에서 혼란스럽고 감당할 수 없는 감정을 부인하도록 요구받으면서 차츰 감정의 감각이 마비됐기 때문이다. 이렇게 자신의 감정을 느끼지 못하고 표현하지 못하는 사람들에게는 친밀한 관계에서 요구되는 공감, 감정이입과 같은 의사소통 능력의 결여라는 심각한 문제가 생긴다.

그러나 상대에게 사랑이 전달되기 위해서는 반드시 감정을 사용해야 한다. 《우리는 사랑일까》의 에릭이 여자친구인 앨리스와 진정한 소통을 하지 못하는 것도 감정의 마비로 의사소통 능력이 결여되어 있기 때문이다.

'미안해'라는 말도
더 이상 소용없을 때

"저는 늘 미안하다는 말을 해요. 그런데 사실은 잘 모르겠어요. 여자친구가 진짜 원하는 게 무엇인지를요. 저는 분명 그 사람을 사랑하는데…. 어디서부터 꼬인 걸까요?"

직장인 명수 씨(30세)는 여자친구 문제로 마음이 무겁다고 했다. 결혼까지 염두에 두고 3년째 교제하는 애인이 있는데 어느 순간부터 무언가 서로 맞지 않는다고 느끼기 시작했다.

여자친구는 명수 씨의 한결같이 성실한 모습에 끌렸다. 그러나 사귀면 사귈수록 그에게서 알 수 없는 답답함을 느꼈다. 명수 씨가 여자친구에게 가장 많이 듣는 소리는 "당신이 무슨 생각을 하고 있는지 도통 속을 모르겠어"였다. 그녀는 그가 자신의 이야기를 들어 주고 감정적인 부분을 공감해 주기를 바랐지만, 둘의 대화는 늘 겉돌았다. 명수 씨가 자신의 생각이나 감정을 좀처럼 드러내지 않고, 표면적으로만 '공감해 주는 척' 하는 것 같았기 때문이다.

여자친구가 이 문제로 하소연을 할 때마다 명수 씨는 "그랬어? 미안해" "내가 더 노력할게" 같은 말을 했지만, 여자친구에게는 그저 상황을 모면하려고 기계적으로 하는 말처럼 들릴 뿐이었다. 둘의 관계는 점점 아슬아슬해져 갔다.

알랭 드 보통의 소설에 나오는 에릭처럼 명수 씨도 자신의 자연스러운 감정을 피하려고만 하는 사람이었다. 그가 여자친구와 자꾸 겉도는 대화를 하고, 싸움을 반복하는 것은 그녀를 신뢰하지 못하거나 사랑하지 않아서가 아니었다. 자신의 감정을 제대로 알아차리고 표현하는 것을 부정적으로 받아들이며 살아온 탓이었다. 슬픔, 울적함, 누군가로부터 위로받고 싶은 마음 등을 그는 있는 그대로 받아들이지 못했다. 그는 부정적인 감정의 실타래에 엉켜서 허우적거리는 것을 그 무엇보다 싫어했다.

상담실에 앉은 명수 씨는 초등학생 때부터 고등학생이 될 때까지 매일같이 계속되는 부모의 극심한 다툼, 별거와 이혼으로 이어지는 지난한 과정을 겪었다고 했다. 슬픔, 울적함, 위로받고 싶은 마음은 명수 씨가 당시에 늘 느꼈던 감정들이었다. 하지만 그는 부모가 속상해할까 봐, 혹은 짐이 될까 봐 수많은 부정적인 감정을 억누르면서 살아왔다.

그렇게 성인이 된 명수 씨는 밝고 긍정적인 감정을 드러내는 데는 어려움을 느끼지 못했지만, 어린 시절 내면아이가 간직하고 있는 부정적 감정들이 올라오면 의도적으로 피했다. 그 결과 어른이 되어 만난 가장 친밀한 관계인 여자친구와의 소통에서도 감정을 회피하게 된 것이다.

숨겨 둔 진짜 감정 만나기

오랜 시간 부정적인 감정을 숨겨 왔던 만큼 명수 씨의 상담 과정도 길고 길었다. 처음 그가 했던 것은 초등학생으로 돌아가 목소리를 높이고 싸우던 부모님을 곁에서 지켜봤을 때의 감정을 복기하는 것이었다. 그는 가장 큰 두려움을 느꼈던 순간을 수없이 고성이 오간 끝에 엄마가 처음 짐을 싸 들고 외할머니 댁으로 갔을 때라고 회상했다.

이런 과정에서 명수 씨는 단 한 번도 표현하지 못했던 두려움, 불안, 슬픔, 원망, 죄책감, 무력감, 수치심 등을 드러냈다. 어느 상담 시간에는 과거의 기억을 더듬으며 힘든 감정들을 맞닥뜨리다가 명수 씨의 몸에 경련이 일어나기도 했다. 살아오며 실제로는 한 번도 부모에게 표현하지 못했던 감정들을 쏟아 내면서 그는 자기 안에 깊게 숨겨져 있던 감정들을 처음으로 흘려보내게 되었다.

꽤 오랜 시간 상담을 지속한 끝에, 그는 점차 부정적인 감정들을 대면하고, 표현하는 것을 예전만큼 힘들어하지 않게 됐다. 그리고 오래 사귄 여자친구에게 자신이 왜 그렇게 감정 표현하는 것에 서툴었는지, 왜 겉도는 대화만 하게 된 건지 설명하고 어린 시절에 겪은 일들을 털어놓았다고 말했다.

뇌의 '접근 시스템'과 '회피 시스템'

감정은 정서의 의식적인 부분에 해당된다. 정서가 우리 내면의 무의식적인 부분이라면, 감정은 의식적으로 체험되고 사고에 의해 인식되는 정서의 일부분이다. 정서는 무의식적이기 때문에 그 자체로 독자적인 생명력을 가진다.

인간의 뇌에는 기본 욕구에 반응하는 방식으로 '접근 시스템'과 '회피 시스템'이 존재한다. 접근 시스템은 인간의 기본적인 욕구 충족을 담당하여 쾌락을 추구하고 불쾌를 피하려고 한다. 회피 시스템은 위험을 감지하고 회피와 보호를 담당하여 안정을 위해 자기의 욕구를 억압하고, 타인과의 관계에서 부딪히지 않고 순응하게 해 준다.

소설 속의 에릭과 상담실의 명수 씨는 회피 시스템에 충실하게 살아온 유형이다. 그러나 인간은 회피 시스템만으로는 건강하게 살아가기 어렵다. 회피 시스템에 지나치게 길들여진 사람은 자신의 의지와는 상관없이 내면에 불편한 정서를 쌓아 두게 되고, 더 이상 버티지 못하게 되면 불안정한 정서에 지배받게 된다. 이런 불안정한 정서는 쉽게 사라지지 않는다.

우리의 내면아이는 상처받을 당시에 느꼈던 모든 감정과 정서를 기억하고 있다. 그 아이를 대면하여 오랫동안 회피하던 감정들을 바라보고 흘려보낼 때, 우리 뇌의 접근 시스템과 회피 시스템은 균형 있게 작용하게 된다. 그것이 내면의 욕구를 존중하고 화해할 수 있는 길을 찾도록 이끈다. 이러한 노력 속에서 정서는 자신의 의지와는 상관없이 독자적인 생명력을 갖게 되어 편안함과 안정감을 형성한다. 바로 이것이 우리에게 행복감을 주는 것이다.

우리가 열망하는 행복감은 스스로의 의지만으로 형성할 수 있는 게 아니다. 그것은 자연스럽게 내면에서 올라오는 감정이기 때문이다. 이런 선순환이 반복될 때 건강한 자존감을 회복할 수 있다. 무엇보다 관계 속에서 우리가 절실하게 필요로 하는 '소통의 기술'이 생겨난다.

9

스스로에게 내리는
가혹한 형벌

▶ 저명한 노학자가 갖고 있던
진짜 상처

'그'는 가난한 시골 목사의 아들이었다. 어려서부터 가난이 지긋지긋했다. 아버지가 살아계실 때도 가난했지만, 의대에 막 진학했을 무렵 아버지가 돌아가시면서 가난은 더욱 그를 괴롭혔다.

그러나 그는 의대를 계속해서 꼭 다니고 싶었다. 친척들은 그가 대학에서 학업을 지속하기보다 상점에 취직해 점원으로 일하면서 어머니와 여동생을 부양하길 원했지만, 그는 고집을 부려 의대를 계속해서 다녔다. 이후 그는 마침내 가난에서 벗어나게 되는데, 그것은 의사가 되어서가 아니라 결혼 덕분이었다. 아내가 이름난 부잣집 상속녀였기 때문이다. 가난에서 벗어난 그는 의사로서 직업적 성공도 거두게 된다.

그런데 말년에 아내가 먼저 세상을 떠나면서 그의 삶에 큰 변화가 찾아온다. 그는 이유 없이 불안해하고 주변 사람들에게 짜증도 자주 냈다. 특히 돈에 대한 과도한 불안감에 시달렸다. 절약하려고 지나치게 애를 썼고 살림살이부터 시장 보는 것까지 일일이 점검했다. 돈을 책 속에 숨겨 놓거나 땅에 묻어 두기도 했다. 심지어 돈을 감춘 위치를 암호로 표시해 두었다가 암호의 뜻을 잊어버려 찾지 못하는 경우도 발생했다.

오래전에 이미 끝났음에도 불구하고 가난이라는 과거는 그를 떠나지 않고 인생 내내 괴롭혔다. 게다가 아내의 죽음은 그동안 사라진 줄 알았던 가난에 대한 두려움과 고통에 숨을 불어넣었다. 아내와 결혼한 이후 가난과는 거리가 멀어졌지만 그가 가진 가난에 대한 '두려움'까지 사라진 것은 아니었다. 단지 수면 아래로 내려갔던 것뿐 그에게 가난은 '해결되지 않은 과제'였다.

가난한 시골 목사의 아들, 아내의 죽음 이후 빈곤의 두려움에 떨던 남자, 그는 바로 프로이트의 수제자이자 분석심리학의 선구자인 카를 융이다. 심리학 역사에 큰 획을 긋고 자기실현의 삶을 산 인물이지만 그의 자서전에 나와 있는 노년기 이야기는 의외였다. 위대한 심리학자였던 그의 내면에도 '해결되지 않은 과제'를 안은 '상처 입은 아이'가 있었던 것이다.

과거를 현재로 끌어들이는 미해결 과제

과일을 제대로 씹지 않고 급하게 허겁지겁 삼키면 위 속에 들어간 과일 조각이 잘 소화되지 않고 묵직하게 들어 있는 게 느껴진다. 입을 통해 배 속으로 넘겼지만 조각이 너무 커 위가 소화하기 힘들어하는 것이다.

인간의 마음에도 이처럼 제대로 씹지 않아 소화되지 못한 조각들이 남아 있을 수 있다. 이것을 심리학에서는 '미해결 과제 unfinished work'라고 말한다. 아직 성숙하지 못한 아이가 도저히 받아들일 수 없을 정도의 상처를 입으면, 아이는 그것을 미처 소화시키지 못하고 무의식 속에 그 모습 그대로 남겨 둔다. 아주 생생하게 말이다.

예를 들어 어린 시절에 자신에게 충분한 사랑을 주지 못한 부모에게서 상처를 받은 경우, 그 사람은 애정결핍과 자기연민과 같은 감정 때문에 힘겨운 인생을 살 수 있다. 어른이 된 후 현재의 가족에게서 사랑과 관심을 충분히 받더라도 어린 시절의 결핍은 여전히 존재한다. 그런 경우 평소에는 괜찮다가도 누군가 자신을 백 퍼센트 인정해 주지 않거나 관심을 덜 보일 것 같은 기미만 보이면 바로 상처가 도지는 경험을 한다.

누군가로부터 무시당하는 것 같을 때, 비난받을 때, 버림받을 때…. 그때 무의식 속에서 미처 아물지 못한 채로 남아 있었던 과거의 상처가 되살아나면서 아픔이 활성화되고, 과거의 상처를 현재로 끊임없이 끌어들인다. 즉 미해결 과제는 내면아이의 또 다른 이름이기도 하다.

그 아이의 분노 속에는 죄책감과 수치심이 있다

일본 애니메이션 감독 미야자키 하야오의 〈붉은 돼지〉라는 작품을 아들과 함께 본 적이 있다. 주인공 포르코 로쏘는 원래 인간으로 제1차 세계대전에 공군 조종사로 참전했다가 수많은 전우의 죽음을 목격한다. 그 뒤 돼지의 형상으로 변해 현상금 사냥꾼이 된다. 애니메이션을 보면서 문득 "포르코는 왜 돼지가 됐을까?"라고 혼잣말처럼 묻는 말에 옆에 있던 아들 녀석이 툭 답을 던졌다.

"죄책감 때문이 아닐까?"

그 말에 고개가 끄덕여졌다. "좋은 녀석들은 죽은 녀석들이다…"라고 말하는 포르코에게서 나는 고통을 엿봤다. 그가 마법에 의해 인간에서 돼지로 변한 건 가장 친한 친구를 잃고 전쟁에서 혼자 살아남은 뒤였다. 자신만 죽음을 모면했다는 사실이 그에게는 생존에 대한 감사가 아닌 평생에 걸친 저주가 되고 말았다. 포르코에게는 앞으로 죽은 자들을 그리워하고 미안해하는 일만 남았기 때문이다. 한마디로 말하면, 그것은 살아남은 자의 '죄책감'이었다. 죄책감은 인간에게 가장 큰 고통을 주는 감정 중 하나다.

'미해결 과제'로 인한 일차적인 감정은 분노다. 그것이 돈이든, 애정이든, 학업이든 해결되지 않은 과제 속에는 그 당시 충분히 채워지지 않고 해소되지 못한 무언가에 대한 분노가 있다. 그런데 분노의 밑바닥을 들춰 보면 더 깊은 곳에 웅크리고 있는 죄책감과 수치심을 발견할 수 있다. 과거의 상처가 덧날 때 우리가 힘들어하는 이유는 누구나 감당하기 힘겨운 감정인 죄책감과 수치심이 올라오기 때문이다.

이 두 가지는 내면아이의 핵심 감정이다. 그래서 상처가 많은 사람을 보면 과도하게 자책하고 수치스러워한다는 공통점을 찾아볼 수 있다. 과거의 상처를 안고 살아가는 것 자체도 힘든 일이지만, 사람을 더 고통스럽게 하는 건 죄책감과 수치심이라는 형벌을 스스로에게 지속적으로 내리는 것이다.

감정과 기억을 분리하라

죄책감과 수치심을 가진 아이는 자신이 가치와 의미를 지닌 사람이라는 것을 충분히 느끼지 못하고 자란다. 만약 분노의 대상이 다른 사람이라면 화를 표출하는 것만으로도 고통의 무게는 줄어든다. 그러나 분노와 원망의 대상이 다름 아닌 자기 자신이라면 고통은 너무나 깊고 강력해진다. 죄책감과 수치심이 반복적으로 스스로를 공격하기 때문이다.

아이는 고통에서 달아나기 위해서 뭔가에 의존하게 되는데, 가장 흔한 방법은 '중독'이다. 일, 쇼핑, 도박, 알코올, 약물, 애정행각 등에 몰두함으로써 내면의 분노와 죄책감, 수치심을 잠시 잊고 만족을 구하려 한다. 그러나 가장 큰 부작용이 '내성'인 중독은 고통을 근본적으로 완화시켜 주는 도구가 아닌 고통을 되풀이하는 감옥일 뿐이다.

이렇게 되면 오히려 상황은 전보다 더 비참해지고, 죄책감과 수치심의 정도도 더 심각해진다. 마치 같은 자리를 맴돌면서 과거로부터 오는 부채 통지서를 계속 받는 것과 같은 형국이다.

그렇다면 과거의 부채를 어떻게 하면 갚을 수 있을까? 일단 이 빚을 완벽하게 갚고, 한번에 해결해야겠다는 마음을 버려야 한다. 상처를 '극복'한다는 것은 과거의 고통스러운 기억을 '완전히' 사라지게 만든다는 뜻이 아니다. 해당 기억과 그 안에 담긴 감정을 분리해 내는 것이 극복의 첫 번째 단추다.

단추를 잘 끼우려면 과거의 상처를 유발한 환경이나 사람에 대한 분노가 사실은 자신을 향한 분노였다는 점을 알아차릴 필요가 있다. 비록 고통을 간직한 기억 자체를 없애지는 못하지만, 기억은 기억대로, 그 기억으로 인해 자신이 얼마나 힘들었는지와 같은 감정은 또 감정대로 분리시키는 게 가능하다.

당시의 기억과 내가 받았던 감정을 따로 본다면 상처로 가득한 과거에 대해 새로운 의미를 부여할 수 있다. 과거에 새로운 의미를 스스로 부여할 수 있다면, 현재 안에서 긍정적인 변화 또한 일어날 수 있고 미래를 바꾸는 것도 가능하다.

무력하게 상처받고 무방비 상태로 노출됐던 자신을 용서하고, 자신의 약점, 단점, 한계에 대해 죄책감이나 수치심을 갖지 않고, 있는 그대로 인정할 때 상처와의 화해는 이루어진다.

2부

괜찮아,
너 때문이 아니었어

아이는 부모의 부정적 감정과 생각들을
미처 소화시키지 못하기 때문에
마음속에 그대로 남겨 둔다.
마치 이가 다 나지 않은 어린아이가
사과를 베어 물고는 씹지도 않고 삼키는 것처럼.
잘 씹어서 삼키면 별문제가 되지 않겠지만,
제대로 씹지 않아 배 속에 덩어리로 남으면
병이 되어 버린다.

1

생 애 초 기 의 동 일 시 현 상

'어머니'라는
거울

▶ 어린 시절 우리에게
무슨 일이 있었을까

나에게는 고등학생이 된 외동아들이 있다. 아이가 자라는 동안 우리 부부는 맞벌이를 했고, 평일에는 함께할 시간이 부족했기에 아이는 항상 목이 빠져라 주말만을 기다렸다.

어느 주말, 아직 초등학생이었던 아들이 패밀리 레스토랑에 가자고 졸랐다. 나와 아내는 쉬는 날 굳이 붐비는 곳에 가고 싶지 않았지만 아이가 원하니 그러마 하고 대답했다. 집에서 가까운 패밀리 레스토랑까지는 도보로 족히 40분은 걸리는 거리였는데, 아이는 차로 가지 않고 꼭 자전거를 타고 가고 싶다며 억지를 부렸다. 그 고집에 두 손을 든 우리는 결국 걷고, 아이는 자전거를 탄 채로 길을 나섰다.

　요리를 먹고 집으로 돌아오는 길에도 아이의 생떼는 계속됐다. 방금 식사를 마쳤는데도 아이는 집 근처에 있는 편의점에서 과자를 사겠다고 성화였다. 조금 전에 배가 터질 것 같다고 말해 놓고 웬 과자냐며 그냥 집에 가자고 하니 막무가내였다. 주말 내내 계속되는 아이의 요구에 우리 부부가 서서히 지쳐 갔던 기억이 난다.

　이처럼 '좋은 부모' 역할은 나에게도 절대 녹록지 않은 일이었다. 부모가 아무리 최선을 다한다 해도 아이의 입장에서는 늘 실망스러운, 상처 주는 부모가 되고 만다.

　현재 인간관계에서 문제를 겪지 않는 사람조차도 어린 시절 재앙같이 다가오던 실망감들을 기억할 수 있을 것이다. 지금 되돌아보면 하찮은 것들로 보이지만, 그 당시 어린 우리가 느낀 고통은 대단히 컸다. 요즘도 종종 목격되는, 장난감을 사 달라며 마트 바닥에 누워 울고불고하는 아이는 그것 하나를 갖느냐 갖지 못하느냐에 따라 세상이 무너지는 좌절과 고통을 느낀다.

성인의 삶 속에서 과도한 고통을 느끼게 하는 상처 입은 내면아이의 경험은 대부분 어린 시절 부모와의 경험에서 만들어진다. 그래서 우리 안의 내면아이를 찾기 위해서는 과거에 입은 상처의 실체, 그 상처가 현재의 나에게 남긴 후유증, 그 상처가 내면에서 어떻게 작용하는지 돌아보는 것만으로는 부족하다. 내면아이의 상처는 혼자 만들어지지 않기 때문이다. 여기에는 어머니, 아버지, 형제자매, 부모 역할을 해 주었던 양육자가 개입한다. 따라서 내면아이의 상처가 만들어진 유아 시절 우리에게 무엇이 중요했고, 어떤 일이 있었는지 알 필요가 있다.

사람들이 나를 비웃는 것 같아요

"저는 사람들 시선이 가장 두려워요. 동료들이 웃고 있으면 꼭 저를 비웃는 것 같고…. 과장님 표정이 조금만 안 좋아도 꼭 제가 뭔가 잘못을 한 것 같아요. 이제는 모르는 사람하고 눈만 마주쳐도 심장이 덜컹해요."

직장인 은정 씨(27세)는 가장 견디기 힘든 게 사람들의 '시선'이라고 했다. 회사에서 삼삼오오 모여 웃고 떠드는 동료들만 봐도 '내 얘기를 하는 걸까?'라고 의심했고, 설령 그렇지 않더라도 자신이 놀림의 대상이 된 듯한 인상을 지울 수가 없었다.

상사가 평소와 다르게 무뚝뚝한 투로 말하거나 별 뜻 없이 쳐다보기만 해도 자신이 뭔가 잘못한 건 아닌지 전전긍긍했다. 불안감이 심한 날에는 지하철에서 아무 상관없는 사람과 무심결에 눈이 마주쳐도 식은땀이 날 정도였다. 그럴 때면 당혹감에 어쩔 줄 몰라 했다.

은정 씨는 최대한 다른 사람들과 시선을 마주치지 않기 위해 의도적으로 고개를 푹 숙이고 걸었다. 이런 부자연스러운 걸음걸이는 그녀를 더욱 위축시켰다. 움츠린 어깨에 고개를 바닥에 고정하고 걷는 바람에 그녀는 지형지물을 잘 못 봐서 자주 넘어졌고, 무릎이 성한 날이 손에 꼽을 정도였다. 상담실에서 곰곰 생각에 잠겨 있던 은정 씨는 그러고 보니 기억 속의 어머니도 지금의 자기처럼 늘 축 처져 있었다고 이야기했다.

"생각해 보니, 저는 어머니가 활짝 웃는 모습을 한 번도 본 적이 없어요."

그녀의 어머니는 은정 씨를 낳고 나서 오랜 시간 산후 우울증에 시달렸다. 몸도 건강하지 않아 집에서든 바깥에서든 아이와 무엇을 적극적으로 하지 않았고, 그녀의 학업이나 감정에 관심을 기울인 적이 없었다. 그런데다 아버지는 어머니에게 무관심했다.

그녀의 기억 속에는 늘 소파에 앉아 우울한 얼굴로 자신을 물끄러미 쳐다보는 어머니가 있었다. 지금의 은정 씨 역시 마치 예전의 어머니처럼 슬프고 지친 표정이었다.

아기는 엄마를 거울처럼 인식한다

영국의 소아과의사이자 정신분석가 도널드 위니콧Donald Winnicott은 "여성은 어머니가 된 후 아기와 동일시하도록 이미 생물학적으로 프로그래밍이 되어 있다"고 주장했다.

임신한 뒤에 여성은 무의식 속에 새겨져 있던 수천 세대를 통해 내려온 어머니의 원형과 만나게 되기 때문이다. 어머니에게서 어머니로 이어지는 모성애는 한 여성의 인생을 뛰어넘는 것으로, 위대한 어머니가 되게 만든다. 그 시작은 아기와 자신을 동일시하게 만드는 강력한 '이끌림'이다.

엄마와 아기는 임신 중일 때만이 아니라 출산 후에도 여전히 하나다. '동일시'를 통해 깊은 정서적 교류를 한다. 둘 사이의 정서적 소통에는 가식과 겉치레가 허용되지 않는다. 엄마가 자신을 귀찮아하거나 불편하게 여기는지, 혹은 너무 예뻐 어쩔 줄 몰라 하는지를 아기는 정확하게 느낀다.

아기는 엄마를 거울처럼 인식한다. 우리가 거울 속의 모습을 자신으로 자각하듯이, 생애 초기 아기가 자기를 비추어 보는 첫 번째 거울은 엄마다. 세상과 자신을 아직 분리시킬 줄 모르기 때문에 엄마를 통해 세상을 보고 자신을 인식한다.

엄마가 자기를 보고 웃으면 그것은 곧 아기 자신의 웃음이 되고, 엄마가 자기를 보고 찡그리고 있으면 아기도 찡그리는 표정과 기분이 된다. 이 엄마라는 '거울'에 따라서 아기는 자신에 대해 좋게 느끼기도 하고, 두려움을 느끼기도 한다.

엄마가 안고 달래 주면 아기는 자신이 중요한 존재라고 느낀다. 반면 엄마가 잘 안아 주지 않고 울어도 무관심을 보이면 아기는 자신이 가치 없는 존재라고 느끼고 무력감을 배운다. 아기는 스펀지처럼 엄마의 시선, 표정, 기분, 이미지 등을 자신의 모든 감각을 총동원해 받아들이고 각인한다. 이 시기에 아기에게 각인된 엄마의 모습은 아기의 인생 전체에 대단히 큰 영향을 미친다.

최근 몇 년간 현대인의 심리학적 관심사에서 가장 큰 화두인 자존감은 3~4세 때 형성된다. 그런데 이 시기에는 언어적 소통이 불가능하다. 오직 엄마와 아기 사이의 정서적 교류만이 가능하기에 엄마의 돌봄과 양육 태도에 따라 아기의 자존감이 형성된다. 즉 이때 엄마라는 거울은 아이의 자존감과 자아상에 핵심적인 역할을 한다.

그래서 이때 엄마가 어떤 환경에 처해 있었는지, 그리고 엄마의 어머니(아기의 외할머니)로부터 어떤 경험을 했는지가 매우 중요하다.

우선 엄마가 아기의 양육이 힘들어 기본적인 생존과 안전의 욕구가 채워지지 않는 환경에서는 아기의 자존감도 보호받지 못할 수 있다. 또한 엄마 자신도 오래전 양육 과정에서 자존감이 손상되는 경험을 했다면, 아이를 키울 때도 자기 어머니의 전철을 무의식적으로 밟게 될 수 있다. 아이였을 때 자신을 제대로 돌보지 못하고 '부정적인 거울' 역할을 한 자신의 어머니를 그대로 답습하는 것이다.

그건 진짜 네 모습이 아니야

자존감이 낮고 부정적인 자아상을 가진 아이들을 보면 대개 그 엄마들도 자존감이 낮은 경우가 많다. 자존감이 낮은 엄마들은 무의식적으로 아이의 자존감을 떨어뜨리는 방식을 선택하기 때문이다.

은정 씨 어머니의 경우, 산후 우울증으로 몸과 마음이 늘 힘들고 지쳐 있어 딸을 따뜻하고 사랑스러운 시선으로 바라보기 어려웠다. 어린 시절 어머니와 깊은 애착을 형성하지 못한 은정 씨는 어머니의 지친 표정과 슬픈 시선을 내면화했다. 성인이 된 그녀가 별일 아닌 상황에서도 늘 짓눌려 있었던 것, 사람들의 시선을 이유 없이 두려워하게 된 것은 바로 그 때문이었다.

물론 타인의 시선에 완전히 자유로운 사람은 존재하지 않는다. 사람들이 나에게 호감을 가지면 기분이 좋아지고, 나에게 부정적인 평가를 보내면 누구도 견디기 힘들어한다.

우리가 다른 사람들의 시선에 이처럼 신경을 쓰게 되는 이유는 타인이 자신을 바라보는 시선이 '스스로를 보는 시선'을 결정하기 때문이다. 특히 SNS를 통해 끊임없이 자신의 사생활을 많은 사람에게 노출하는 현대 사회에서는 다른 사람들의 시선을 기민하게 눈치채고, 빠르고 능숙하게 대응해야 하는 경우를 수없이 맞닥뜨린다. 이것이 대인관계와 사회생활에서 큰 비중을 차지하기 때문에 현대인들은 더욱더 불안이라는 수렁에 빠지기 쉽다.

은정 씨처럼 생애 초기 어머니라는 거울을 통해 부정적인 자아상을 내면화한 사람들은 유아기에 각인된 부정적인 자기 모습으로 인해 스스로에 대해 가치감이 부족하다. 또 자존감이 제대로 발달하지 못한 상태로 성장하게 된다. 그래서 언제나 다른 사람들에게 잘 보이려고 애쓰면서 살거나 아예 사람들의 시선을 피해 자기만의 공간으로 숨어드는 삶을 선택하기도 한다.

그렇다면 어머니의 거울로 인해 낮은 자존감과 부정적인 자아상을 형성한 사람은 어떻게 과거에 각인된 부정적 흔적에서 벗어날 수 있을까? 그것은 부모가 나에게 보여 준 거울이 '나의 의지와 선택'이 아닌 '그분들의 삶'에 속하는 것임을 알아차리는 데서 시작한다.

부모가 끌어안고 살아야 했던 아픔과 상처는 우리가 온전히 이해할 수도 없고 용서하는 게 가능하지도 않다. 어떻게 평생을 괴롭히고, 자신을 옭아매 온 기억 속의 그들을 '어쩔 수 없는 일이었어'라며 이해할 수 있겠는가? 하지만 오랫동안 나의 일부가 됐던 거울의 모습이 근본적으로 '내 것이 아니라 그분들의 것'이었음을 인정할 수는 있다. 사람들이 모여 있는 것만 봐도 움츠러들고, 모르는 사람과 눈만 마주쳐도 식은땀이 나고, 그것을 피하기 위해 늘 고개를 숙이고 걸었던 은정 씨는 그 모습들이 사실 어머니의 모습임을 서서히 인정했다.

'내 것이 아님을 알아차리는 것' 그렇게 천천히 떠나보낼 준비를 할 때 자존감은 회복되기 시작한다.

2

아이에게 선사하는
평생의 적금통장

▸ 애정의 샘물이
바싹 말랐다고 느낄 때

신혼인 수희 씨(32세)의 남편은 직장에서 승진을 앞두고 성과와 업적에 매우 신경을 쓰는 상황이었다. 그러나 수희 씨는 다 그만두고 시골에 가서 살더라도 남편에게 사랑을 좀 실컷 받았으면 좋겠다고 호소했다.

"남편에게 사랑받고 싶어요. 하지만 남편은 저보다 일을 더 사랑하고, 어떨 때는 저한테 관심도 없는 것 같아요. 벌써 저한 테 질린 것 같아 고민이에요."

그녀의 남편은 수희 씨의 호소를 들어 주려고 나름 노력하다 가도 정도가 지나치면, "당신은 현실을 너무 몰라" "철 좀 들어" 라는 말을 내뱉었다. 수희 씨는 남편의 노력에 만족하지 못하 고, 늘 애정과 관심에 굶주려 했다.

사실 수희 씨가 남편에게 반복하고 있는 건 과거 부모와 맺었 던 관계의 패턴이었다. 그녀는 어린 시절 부모의 관심과 사랑을 얻기 위해 안간힘을 썼지만 번번이 실망했으며, 아무리 노력해 도 부모에게 사랑받을 수 없다고 여겼다.

사업을 했던 그녀의 아버지는 영업과 접대로 집에 들어오지 않는 날이 대부분이었고, 어머니 또한 그에 질세라 친교모임으 로 늘 바깥에서 시간을 보냈다. 눈코 뜰 새 없이 바쁜 부모의 관 심을 돌리기 위해 공부도 해 보고, 사고도 쳐 봤으나 부모는 딸 에게 늘 무심했다. 그런 부모를 떠나 자신을 충분히 사랑해 줄 남성을 찾아서 현재의 남편과 결혼했지만, 막상 결혼하고 나서 도 그녀의 갈증은 해소되지 않았다. 남편이 그녀에게 느끼는 실 제 사랑의 깊이와는 상관없이 말이다.

수희 씨가 가진 건 '성인 애착장애'였다. 가까운 관계에서 늘 과도하게 불안해하거나 애정결핍을 느끼는 불안정 애착장애를 가진 성인은 타인의 애정을 끊임없이 갈구하지만 어떻게 관계를 형성해야 하는지 모른다. 그래서 수희 씨처럼 사랑의 결핍에서 오는 공허감과 외로움을 상대방의 문제로 돌리고 한쪽의 변화만을 요구하는 경우가 많다.

이런 경우 진짜 원인은 대부분 상대방에 있지 않다. 상대가 아무리 노력하고 애정을 쏟아 준다고 하더라도, 불안정 애착장애를 가진 사람들은 결코 만족하지 못한다. 상대가 노력하면 이것을 좋게 평가하기보다 오히려 "이렇게 변화될 수 있는 사람이 왜 그렇게 행동했느냐" "진작 그렇게 해 주지!"라며 분노를 표출한다. 이런 행동의 반복은 상황을 점점 더 나쁘게 만든다.

▶ 애착의 유형
: 안정 애착 vs 불안정 애착

독일의 가족치료사 버트 헬링거Bert Hellinger는 "사랑을 원하지만 사랑을 얻을 수 없는 사람의 진짜 원인은 사랑이 부족해서가 아니라 사랑을 만들고 느낄 능력이 없어서"라고 말했다. 사랑에 문제를 느끼는 사람의 경우 그 원인을 알아보려면, 어린 시절의 애착관계로 거슬러 올라가야 한다.

'애착'은 인간의 생물학적 본성 중 하나다. 갓난아기가 웃기,

울기, 붙잡기 등을 하는 것은 전형적인 '애착 행동'으로 엄마가 필요하다는 언어적, 육체적 신호다. 우리가 다른 사람들과 맺는 관계의 방식은 어린 시절 부모가 믿을 만한 사람인가에 대한 내적 기대감에 의해 결정된다. 그래서 애착의 형태와 유형은 사람마다 다르다.

예를 들어 자녀의 욕구를 섬세하게 인지하고 보살피는 부모 밑에서 성장한 사람들은 사랑하는 사람과 떨어져도 비교적 수월하게 이겨 낸다. 떨어진 것에 대해 슬픔과 그리움의 감정을 갖지만 이것이 파괴적인 절망감으로까지 이어지지는 않는다.

이들은 관계가 틀어져 실망하는 경험을 하더라도 신뢰 깊은 새로운 관계를 다시 시작할 수 있다. 이것이 '안정 애착'을 형성한 사람의 모습이다.

반대로 '불안정 애착'을 형성한 사람들은 어린 시절 안정적인 애착관계를 경험하지 못해 상처 입은 내면아이를 간직하게 된다. 그중에서도 부모로부터 반복적으로 거부당하는 경험은 불안정 애착을 형성하는 주된 원인이다.

이들이 가장 갈망하는 것은 사랑과 친밀감이지만, 대부분 마음과 달리 모순된 행동을 한다. 과거 자신에게 상처를 주었던 부모와의 갈등을 현재 자신과 친밀한 관계에 있는 사람에게 무의식적으로 적용하기 때문이다. 그래서 마음으로는 사랑을 갈구하면서도 정작 따뜻한 정서적 결합을 하지 못하기에, 배우자나 자녀들에게 상처를 주게 된다.

불안정 애착을 형성한 사람들은 무의식적으로 친밀감을 두려워하여 아예 친밀한 관계를 회피하거나, 관계가 언제까지 지속될지에 대해 강한 불안감을 느끼고 상대방에게 지나치게 집착하기도 한다. 불안감이 극심할 경우 미리 도망가거나 매달리는 방식을 선택하기도 하는데 심리학에서는 이 같은 성인의 불안정 애착 유형을 크게 '회피형'과 '집착형'으로 나눈다.

이 유형의 사람들은 관계 안에서 늘 긴장감과 만성적인 불안을 갖기 때문에 편한 마음으로 친밀한 관계를 유지하지 못한다. 안타깝게도 이들에게 사랑이란 설렘 가득하고, 행복한 일이 아니라 너무나 버거운 일이다. 상대가 언젠가는 자신을 버리거나 자신을 전혀 사랑하지 않게 될 거라는 두려움이 일상을 지배하기 때문이다.

사랑을 두려워하는 모순된 심리

일본 작가 무라카미 하루키의 《노르웨이 숲》에 등장하는 '나가사와'라는 인물은 불안정 애착을 형성한 전형적인 인물이다. 도쿄대학교 법학부에 재학 중인 그는 나고야에서 유명한 병원을 하고 있는 부모님과 도쿄대학교 의학부를 우수한 성적으로 졸업한 형을 두는 등 학벌과 집안, 외모를 비롯한 외형적인 면에서는 완벽한 남자지만 친밀감의 능력은 결여되어 있다.

매력적인 겉모습과 태도로 타인의 호감을 얻는 데 타고난 능력을 갖춘 그는 아무런 의미 없이 여자들과 하룻밤 잠자리를 즐긴 뒤 자기혐오와 환멸감에 사로잡힌다. 나가사와에게는 그를 진심으로 사랑하는 여자친구 하쓰미가 있었지만, 결국 그녀를 떠나 버리고 만다. 나가사와가 두려워한 것은 누군가를 사랑할 때 만들어지는 '친밀감'이다. 이런 모순되고 기이한 내면은 어린 시절 친밀감에 대한 상처를 가진 사람들에게서 흔히 볼 수 있는 모습이다.

애착의 상처를 가진 사람은 성인이 되어 새로운 관계를 맺을 때, 상대를 믿고 자신을 온전히 내맡기는 것에 어려움을 느낀다. 이런 사람의 내면아이는 친밀감의 감정을 원하면서 동시에 부담을 느낀다. 사랑하는 사람과 함께하고 싶으면서 동시에 함께하기 두려워하는 딜레마에 빠진다.

그러나 이 세상에 절대 변하지 않는 것은 없다. 수희 씨의 경우, 계속된 상담을 통해 자신의 고통이 실제로는 남편에게서 온 것이 아니라는 사실, 자신이 믿지 못했던 것은 남편이 아니라 부모였다는 것을 깨달았다. 그리고 점차 이것을 받아들일 수 있게 됐다.

변화는 그때부터 시작됐다. 수희 씨는 부모와 남편이 다르다는 것과 자신이 과거 부모에게 가졌던 감정을 그대로 남편에게 적용하고 있다는 것을 인지했다. 그제야 '남편이 나를 버리지 않을 것'이라는 믿음의 토대가 만들어졌다.

아이들이 부모가 곁을 떠나더라도 언젠가 돌아올 것이라는 믿음을 통해 부모의 부재를 버티고 안정된 심리 상태에서 기다릴 수 있는 것처럼, 수희 씨 또한 남편과 떨어지더라도 다시 돌아오리라는 확신을 갖게 되면서 두려움이 완화됐다.

남편이 야근과 저녁 모임, 골프 회동으로 주말을 보내는 것은 이전과 똑같았고 같이 있는 시간은 여전히 많지 않았지만, 수희 씨는 이제 사랑받는 느낌이 무엇인지 알겠다고 말했다.

사랑에는 상처를 치유하고 변화시키는 힘이 있다. 사랑으로 인한 정서적 반응은 관계 안에서 가장 행복감을 주는 감정이다. 그런데 불안감 때문에 상대방에게 너무 매달리게 되거나 혹은 그로부터 자꾸 달아나고 싶다면, 그것은 지금의 상대방과는 아무런 연관이 없다는 사실을 마음속으로 되새김질할 필요가 있다. 사랑은 상대방이 나에게 일방적으로 주어야만 느낄 수 있는 것이 아니다. 어린 시절 부모에 의해 형성된 '상대방을 신뢰하지 않는' 내적 기대감을 먼저 수정한다면, 사랑을 주고받는 것이 가능해진다.

냉소적인 사람은
상처받은 사람이다

어느 봄날, 대학생 지훈 씨(24세)는 부모 손에 이끌려 억지로 상담실을 찾아왔다. 오는 것까진 어떻게든 왔지만, 다음 상담 날짜를 잡는 것부터 쉽지 않았다. 까다롭고 예민하고 때로는 집요하여, 시간과 날짜 변경을 요구하는 전화를 수시로 해 놓고는 정작 상담 당일에는 지각을 해서 애를 먹였다.

첫 상담을 진행했을 때 그는 상담자인 나를 극도로 경계하며, 말할 때 사용하는 단어 하나하나에도 신경을 썼다. 그렇게 함으로써 자신의 속마음을 드러내려 하지 않았다. 상담 시간이 끝날 무렵에는 마치 나를 평가하는 태도로 말했다.

"오늘 상담사로서의 점수는 상중하 중에 '중' 정도군요."

지훈 씨 가족의 표현을 빌리면 "아이가 별로 대단치도 않으면서 매사를 냉소적으로 보고, 모든 것을 평가하는 자세"로 살아간다고 했다. 그는 상담사의 인내가 꽤 많이 필요한 내담자였다.

자잘한 클레임과 일정 번복, 지각 등이 계속됐지만, 그는 상담을 꼬박꼬박 나왔다. 그러는 동안 지훈 씨의 성장 과정을 조금씩 들을 수 있었고, 그에게 과거 애착 문제가 있었다는 것을 알게 됐다.

그의 부모는 한 번도 싸우지 않는 날을 손에 꼽을 정도로 거의 매일같이 불화를 일으켰다고 한다. 그는 차가운 표정과 비아냥거리는 말투로 나에게 말했다.

"저희 부모님이 안 싸운 적은 서로를 알기 전뿐이었을걸요."

지훈 씨가 자신의 부모에 대해 말할 때면, 그의 얼굴은 불신과 분노로 가득 찼다. 그의 내면아이는 양육자인 부모에게 안정적인 신뢰와 믿음을 가져 본 적이 없었던 것이다.

타고난 기질이나 성격과 상관없이 어린아이의 인간관계는 양육자와 연결되어 있다. 자신에게 우주나 다름없는 양육자를 믿지 못한다는 것은 아이에게 무엇보다 큰 고통이다. 이런 불안정 애착 유형의 아이들은 부모에 대해서만 거부당한 상처를 갖게 되는 것이 아니다. 문제 행동을 보이는 아동들을 치료했던 존 볼비는 "무관심의 가면 뒤에는 심한 고통이 있고, 냉정한 태도 이면에는 실망감이 숨어 있다"고 말했다. 볼비가 상담했던 아이들은 "절대로 상처받지 않으려고" 애써 냉담한 태도를 취했고 늘 실망감과 분노로 가득 차 있었다. 마치 상담실에 앉아 있던 지훈 씨처럼.

어린 시절 안정과 보호를 주지 못한 부모에게 느낀 거부감을 인간관계가 시작되기도 전부터 이미 갖고 있다는 것은 이들이 가진 가장 큰 고민이자 평생에 걸친 형벌이다.

아이에게 선사하는 평생의 적금통장

'관계 능력'은 사회생활에서 꼭 필요한 생존 기술이다. 집단 안에서 폭넓은 대인관계를 형성하거나 적을 별로 만들지 않고 두루두루 모든 사람과 친하게 지내면서 관계를 잘 이끌어가는 사람은 자연스럽게 주목받게 된다. 특히나 오늘날처럼 소통이 리더십의 기본 요건인 시대에 관계 능력은 재능이고 경쟁력이다.

그러나 이 능력은 자기계발서를 읽고, 향상을 위해 개인적으로 노력한다고 해서 얻을 수 있는 것은 아니다. 관계 능력 또한 어린 시절 부모와의 애착관계가 가장 강력한 영향을 미치는 부분이기 때문이다.

어머니와 정서적으로 안정되게 연결된 아이는 외부에 대해 흥미를 느끼고 새로운 정보에 관해 열려 있다. 낯선 세상과 사람들을 위협으로 받아들이지 않고 호기심으로 접근하기 때문에 개방성과 융통성 있는 아이로 성장하게 된다. 처음 접하는 상황과 익숙하지 않은 사람들을 만나야 할 때 이러한 안정적인 심리 상태는 아이에게 든든한 자산이 된다.

아이와 함께하는 시간이 적더라도 안정적인 애착관계를 형성하는 어머니의 가장 큰 특징은 아이에게 부드러운 '접촉'의 대상이 되어 준다는 것이다. 아이와 어머니의 애착관계는 수유보다 부드럽게 안아 주는 '접촉'을 통해 형성된다. 어머니가 아이를 꼭 안아 주는 접촉은 단순한 포옹이 아닌 아이의 생존과 성장을 위한 밑바탕이다. 접촉은 친밀감의 가장 확실한 표현이기 때문이다.

어머니가 아이를 따뜻하게 바라보면서 안아 주었던 접촉의 순간은 아이의 긴 인생에서 매우 중요한 순간이다. 아동심리학자들은 이것을 어머니가 아이에게 주는 '인생의 적금통장'이라 말하기도 한다. 이 적금통장이 든든하면 아이는 어떤 위기와 고통에도 버틸 수 있는 사람이 된다.

부드러운 접촉은 보호와 보살핌이라는 또 다른 선물을 자연스럽게 가져온다. 어린 시절 부모에게서 이 따뜻한 선물을 받은 아이와 그렇지 못한 아이의 삶은 너무나도 다르게 펼쳐진다.

한마디로 말해 부모의 접촉 여부에 따라 소위 정서적 '금수저'와 정서적 '흙수저'가 만들어질 수 있다는 말이다. 이것은 오늘날 심리학의 기본 전제 중 하나다.

물론 누군가를 신뢰하는 것은 쉽지 않을뿐더러 대단히 위험한 일이다. 프로이트도 사람은 다른 사람을 사랑할 때 가장 상처받기 쉽다고 했다. 하지만 모든 사람이 나에게 상처를 주었던 부모와 똑같지 않다는 사실을 마음속 깊이 새겨야 한다. '다를 수 있다' '달라질 수 있다'는 확신을 갖는 것만으로도 희망이라는 끈을 붙잡을 수 있다.

3

사악한 마녀
혹은 아름다운 천사

▶ "엄마 미워!"라는 말 속의
진짜 마음

하은이(6세)를 상담실에 데려온 어머니는, 남
동생이 생긴 후 첫째 하은이에게 부쩍 짜증과 투정이 늘었다고
했다. 다른 아이들이 그렇듯 갑자기 생긴 동생에게 샘을 부리는
것이니 곧 좋아질 거라고 생각했지만, 갈수록 심각해졌다.

이제 하은이는 장소와 주변 상황을 불문하고 엄마에게 강한

적개심과 분노를 표현했고, 이러한 공격성은 어린 동생에게 더욱 적극적으로 드러냈다. 동생의 다리를 몰래 꼬집거나 때리다가 이를 발견한 엄마가 지적을 하면 들은 척도 하지 않았다.

상담실에서 하은이는 "엄마 미워, 엄마 나빠. 싫어!"와 같은 말만 반복했다. 하은이 어머니는 도대체 아이가 왜 이렇게까지 자기를 미워하는지 알고 싶다고 호소했다.

양육자의 돌봄과 관심이 부족하다고 느낄 때, 아이는 그것을 이해할 수도 받아들일 수도 없다. 아이에게는 어른의 상황을 이해할 능력이 없다. 엄마가 직장에서 스트레스를 받고 있다는 것도, 부모가 지쳐 있다는 것도 알지 못한다.

전체적인 상황을 이해하지 못하기 때문에 자기의 욕구를 좌절시킨 엄마를 '나쁜 엄마'로 분류할 수밖에 없다. 나쁜 대상으로 분류해 놓아야 더 이상 상처받지 않기 때문이다.

나쁜 내적 대상 vs 좋은 내적 대상

영국의 정신분석가 멜라니 클라인Melanie Klein에 따르면 아기는 엄마를 있는 그대로 보는 것이 아니라 환상을 통해 본다. 이 환상은 자신을 대하는 엄마의 행동에 아기의 감정이 더해져 만들어진다. 클라인은 엄마가 자기 요구를 들어주지 않을 때 아기는 엄마를 마치 자신을 잔인하게 독살하려는 무서운 마녀의 모습으로 보았다가 자신의 요구를 충분히 들어주어 기분이 좋아지면 엄마를 아름답고 착한 공주의 모습으로 본다는 것을 관찰해 냈다.

이처럼 아기가 자기 나름의 환상을 통해 바라보는 상대를 '내적 대상internal object'이라고 부르는데 이는 아기가 엄마를 비롯한 세상을 바라보는 일종의 스펙트럼이다. 아기들은 자신의 주변 세계를 있는 그대로 보지 않고 이 환상을 통해서 본다.

이제 막 세상으로 나온 아기는 양육자인 엄마를 알아볼 수 없다. 처음에는 따뜻하고 맛있는 우유를 주는 젖가슴이 엄마의 전부였다가 점차 젖가슴만이 아닌 엄마의 따스한 시선, 포옹, 손길 등 모든 것이 엄마의 일부라는 것을 알게 된다. 이렇게 온전하게 엄마를 알아보게 되면서 아기는 엄마가 나와는 다른 '타인'이라는 것을 인지하고, 자신과 엄마를 구분하게 되면서 자기만의 '내적 대상'을 형성한다.

아기에게 엄마는 세상의 전부다. 엄마가 어떻게 해 주는가에 따라 자기 욕구를 채울 수 있다. 욕구가 채워지면 만족감과 행복감을 느끼지만 그렇지 못하면 결핍감과 불행감을 느끼는 아기는 만족 아니면 좌절이라는 두 가지 경험만을 한다.

아기에게 행복과 불행은 오직 엄마에게 달려 있는 것이다. 이

▶ ## 세상을 잃은 것 같은 두려움

멜라니 클라인은 엄마가 아기에게 충분한 돌봄을 주지 못해 좌절감과 결핍감을 느끼게 할 경우 "제2차 세계대전 당시 유대인들이 아우슈비츠에서 학살당할 때 느꼈을 공포와 두려움을 아기가 느낀다"고 했다. 아기가 심하게 울고 보챌 때 아기 입장에서는 가스실에 들어간 듯한 경험을 한다는 것이다.

성인들은 살면서 수많은 모순과 양가감정을 경험한다. 그러나 이것은 성인만 느낄 수 있는 건 아니다. 성인이 된 자녀와 부모와의 관계에서 볼 수 있는 사랑과 증오, 좌절과 만족, 불안과 공포 등 복잡한 양가감정은 아기와 엄마의 관계에도 뒤얽혀 있다. 아기에게 엄마는 마냥 미워할 수도, 그렇다고 전적으로 사랑할 수도 없는 복잡한 대상이다. 다만 아기는 복잡한 감정을 통합하고 정리할 능력이 없기 때문에 세상 전부나 다름없는 엄마라는 존재를 오직 '흑'과 '백'으로 분류한다. 쉽게 말해 '나쁜 엄마, 좋은 엄마'로만 구분하는 것이다.

욕구가 안정적으로 채워진 아기의 내면에는 '좋은 내적 대상'

이 형성된다. 반면에 반복적인 욕구의 좌절을 겪으면 '나쁜 내적 대상'을 형성하고 그런 아기에게 엄마는 '나쁘고 사악한 존재'가 되어 버린다. 욕구의 좌절을 경험한 하은이가 엄마를 자꾸 '나쁜 엄마'라고 말하는 것처럼.

'나쁜 엄마'와 '좋은 엄마' 통합하기

아이는 엄마에 대해 느꼈던 감정들을 다른 사람들에게도 적용한다. 가깝게는 유치원 교사를 신뢰하기 어려워하고, 이렇게 성인이 되면 상대방이 자기의 욕구를 채워 주지 않는다고 느끼는 순간에 엄청난 분노를 품게 된다. 자신의 욕구를 좌절시킨 상대방을 무의식적으로 나쁜 대상이었던 엄마로 여기고, 당시에 느꼈던 감정을 저도 모르게 상대방에게 분출하는 것이다.

성인이 이런 모습을 보일 때 그 행동을 받아들일 수 있는 사람은 많지 않다. 그가 왜 이렇게 행동하는지, 도대체 멘탈이 어떻게 된 사람인지 의문을 품게 되어 정상적인 관계 형성이 이루어지지 않는다. 이들은 단순하고 형식적인 대인관계만을 맺는다는 공통점이 있는데, 그것은 상대가 어떤 사람인지에 대해 관심을 갖지 않고 '저 사람이 내 욕구를 채워 줄 수 있는 사람인가, 없는 사람인가?'라는 흑백의 도식 속에서 관계를 맺기 때문이다. 오로지 자기 욕구의 만족만을 생각하는 이런 사람들은 인간관계에서 주고받는 친밀감과 유대감, 소속감이 주는 소소한 기쁨을 경험하지 못해 겉돌고 메마른 관계를 형성한다. 그래서 그는 늘 외로울 수밖에 없다.

타인을 신뢰하는 안정적인 관계를 맺기 위해서는 '통합'의 지혜를 배워 가야 한다. 아기가 젖가슴만이 엄마의 전부인 줄 알았다가 점차 엄마의 다양한 부분을 통합적으로 알게 되듯이, 성인이 되고 나면 관계 안에서 상대방의 한 부분만 평가하는 것이 아니라 전체적인 면을 보려는 노력이 필요하다.

누군가로 인해 큰 실망감이나 좌절감을 느꼈는가? 혹시 당신을 실망시킨 한 부분만 보고 그 사람 전체를 판단한 것은 아니었을까? 상대방의 또 다른 면이 어떠한지를 살펴봐야 우리 안의 '나쁜 내적 대상'을 '좋은 내적 대상'의 경험으로 바꿀 수 있다. 그러한 모순을 받아들일 때 우리는 성장하는 것이다.

4

그것은
네 것이 아니었어

> ### '너 때문에'라는 메시지

올해 중학교 3학년이 된 민준이는 1학년 때 반
에서 집단 괴롭힘을 당했다. 수업 시간에 같은 반 아이가 민준
이에게 장난을 걸었는데 이를 받아 주지 않자 시비가 붙었고,
괴롭힘은 욕설과 폭력까지 쓸 정도로 커졌다. 그런데 민준이가
여기에 전혀 대응하지 못하는 모습을 보고 재미있다며 다른 아

이들도 합세했던 것이다. 중학교 1학년은 민준이에게 지옥 같은 시간이었다.

그 후 민준이는 다시는 그와 같은 괴롭힘을 당하지 않기 위해 방어막을 만들었다. 눈에 띄지 않는 '투명인간'이 되기로 한 것이다. 무슨 일이 있어도 동요하지 않고 늘 무표정한 얼굴로 그 누구와도 이야기를 하거나 웃지 않았다. 한순간 한순간 남들의 눈에 띄지 않기 위해 안간힘을 쓰느라 늘 긴장 상태였다. 이렇게 학교생활을 마치고 집에 돌아오면 모든 에너지가 방전되어 아무것도 할 수가 없었다.

그런데 어머니와 면담을 하면서 민준이가 느끼는 고통의 원인이 단지 교실에서의 문제만이 아님을 알 수 있었다. 결혼 전 민준이 어머니는 자신이 살던 지방에서 동생들을 데리고 서울로 유학을 왔다. 부모님이 고생해서 학비를 보내 주는 대신 민준이 어머니에게는 동생들을 돌봐야 하는 의무가 있었다.

평범한 사춘기 여학생이 누릴 수 있는 소소한 즐거움은 민준이 어머니에게 사치였다. 방과 후에는 어김없이 집으로 돌아와 동생들에게 식사를 차려 주고, 빨래를 마치고 나서는 밤늦도록 숙제도 봐줘야 했다. 그것까지 끝내야 비로소 자기만의 시간을 가질 수 있었다.

성인이 되어 결혼을 하고 민준이를 낳았을 때, 그녀는 첫아이를 낳은 느낌이 아니었다고 회상했다. 이미 오래전부터 아이를 돌본 탓에 몸과 마음은 지쳐 있었다. 어머니는 산부인과에서 민준이를 데리고 집으로 돌아온 그날부터 너무나 힘들고 부담스러웠다.

양육 기간 동안 어머니가 갖고 있던 부담감과 소진감은 무의식적으로 민준이에게 전달됐고, 아이는 그 부정적인 감정과 생각들을 알게 모르게 내면화했다. '너 때문에 힘들어, 지쳤어'라는 메시지는 점차 아이의 생각이 되고 말았다.

민준이는 마음속 깊이 자기불신과 열등감, 과도한 불안감을 끌어안고 고통받고 있었다.

부모 대신 자기를 채찍질하는 아이들

우리는 자신도 모르게 누군가를 닮아 간다. 특정 행동만이 아니라 누군가가 나에게 전했던 메시지, 감정, 생각들이 무의식적으로 내면에 자리 잡아 좀처럼 바뀌지 않을 수 있다. 원래는 내 것이 아닌데도 말이다.

'내사introjection'는 다른 사람의 생각이나 행동을 무의식적으로 자기 안으로 받아들이는 행위다. 즉 타인의 감정과 생각이 내면화된 것으로 '너는 나를 힘들게 하는 존재야'라는 엄마의 감정을 민준이가 무의식적으로 받아들였을 때 이것을 '내사됐다'고 한다. '투사'가 자신의 불안과 혼란을 다른 사람에게 떠넘기는 것이라면, '내사'는 타인의 불안과 혼란을 자기 것으로 받아들여 자신의 일부로 만드는 것이다. 그래서 내사를 '내적 투사'라고도 한다.

아이는 불쾌하거나 만족스러운 감정들을 투사와 내사를 통해서 조절한다. 아이가 태어나서 처음으로 내사하는 대상은 어머니의 젖가슴이다. 아이는 배불리 젖을 먹고 기분이 좋아지면 이 만족감을 자기 것으로 돌린다. '나 때문에' 만족스러운 젖이 나온 것이다. 그래서 아이들은 기분 좋고 만족감을 느낄 때 자아 존중감도 높아진다.

이러한 긍정적 내사는 아이의 주변 환경이 안정적일 때 발생한다. 어린아이들이 자기가 뭔가 해낸 것에 대해 "내가 했어!"라며 엄마한테 자랑하는 것도 내사의 표현이다.

반면 부모로부터 불쾌한 감정이나 메시지를 접하면 이 또한 자기 탓으로 돌린다. 부모가 보내는 부정적인 메시지를 내면화하고 그 원인을 자신에게 돌리면서 자아 존중감 또한 낮아진다.

부모의 말을 자기 말로 빨아들인다

아이가 내사를 통해서 받아들인 내용은 놀라울 정도로 오랫동안 아이의 내면에 남는다. 거의 '신념'에 가깝게 굳어져 웬만해서는 바꾸기가 힘들다. 실제와 다르거나 사실을 왜곡한 것이어도 말이다. 이 때문에 부모가 아이에게 어떤 말과 표현을 자주 하는지가 매우 중요하다. 부모 입장에서 자녀를 훈육하기 위해 반복적으로 하는 말 한마디가 평생에 걸쳐 아이에게 지대한 영향을 끼칠 수도 있다.

예컨대, 어떤 부모들은 아이에게 습관적으로 "너는 누굴 닮아 이렇게 게으르니?" "어휴, 내가 너를 낳고 미역국을 먹었다니, 내 팔자야"와 같은 소리를 한다. 이 소리를 들을 때 아이는 불쾌하고 기분이 나빠진다. 문제는 이런 말들이 '내사'를 통해 아이의 마음속에 내면화된다는 것이다. 부모는 속이 상해서 한 이야기인데 아이는 그것을 '진짜'로 받아들인다.

아이는 부모가 그 말을 한 상황이나 말의 맥락을 파악하지 못하고 내면으로 끌어들여 자기 목소리로 전환시킨다. 멜라니 클라인은 이렇게 '부정적 내사'를 하게 된 아이는 심리적인 '자기 채찍질self-flagellation'을 하게 되어 내적인 학대가 발생한다고 말했다.

즉 부모가 자신을 학대하지 않아도 아이는 스스로를 학대한다. 부모의 잔소리는 특정 행동을 했을 때만 들려왔지만, 잔소리가 아이에게 내사되고 나면 아이의 마음속에는 그 말들이 계속해서 울려 퍼지게 된다.

자기를 못 믿는 아이가 잃어버리는 것들

아이는 부모의 부정적 감정과 생각들을 미처 소화시키지 못하기 때문에 마음속에 그대로 남겨 둔다. 마치 이가 다 나지 않은 어린아이가 사과를 베어 물고는 씹지도 않고 삼키는 것처럼. 잘 씹어서 삼키면 별문제가 되지 않겠지만, 제대로 씹지 않아 배 속에 덩어리로 남으면 병이 되어 버린다.

무리하게 삼킨 말은 아이의 내면에 '자기불신'을 잉태한다. 그 자기불신은 아이로 하여금 자신감을 잃게 하고 늘 불안에 휩싸이게 한다. 아이가 다른 사람의 영향력, 의견, 자신에 대한 평가의 말들을 여과 없이 그대로 받아들이게 되는 건 당연한 수순이다. 다른 사람들의 비판을 걸러 듣지 못해 힘들어하다가 아이는 또다시 자신감을 잃고, 어느새 남의 비판을 받지 않기 위해서만 애를 쓰거나 남의 비위를 지나치게 맞춰 주는 등 자기를 보호하는 데 급급해진다.

아이를 양육할 때 야단을 치지 말라는 이야기가 아니다. 부정적인 메시지를 무심코 내뱉을 때, 그것이 부모 자신의 부정적인 감정과 연결되지 않도록 해야 한다.

자신이 뭔가 잘못한 것 같다는 생각이 들거나 어떤 난관에 부닥쳐 있다면, 그때 자기 안에서 들려오는 목소리를 노트에 써 보자. 그중에서 가장 듣기 괴로운 말, 나를 가장 힘들게 하는 말에 동그라미를 쳐 보자.

당신은 그 말을 누구를 통해 최초로 듣거나 경험했는가? 그때 내 반응은 무엇이었는가?

현재의 모든 고통은 살아온 시간의 결과물일 수 있다. 지금 내가 겪고 있는 심리적 고통을 이해하기 위해서는 무의식적으로 당연하게 여겼던 '내사'의 내용물이 무엇인지 들여다봐야 한다. 나에게 고통을 주었던 감정과 생각들이 정말 내 것인가? 애초에 내 것이 아니었고 나와 상관없는 것은 아니었을까? 이것을 되묻고 확인할 시간이 왔다.

5

나 르 시 시 즘 의   기 능

우리 모두는 한때
전지전능한 신이었다

삶의 의미를 상실한 아이들

고등학교 1학년인 준영이가 상담실에 오게 된
것은 등교 거부 때문이었다. 중학교 때까지는 전교 1등을 할 정
도로 모범생이었던 준영이는 고등학교에 입학한 후 말 그대로
공부를 '놓아 버렸다.' 하루 대부분의 시간을 게임으로 보내면
서 성적은 곤두박질쳤고, 곧 등교마저 거부했다. 준영이는 공부

해 봤자 별로 좋을 것이 없다는 생각이 들었다며, 의미도 없는 짓을 더 이상 하고 싶지 않다면서 심드렁하게 말했다.

"학교에서 잠자는 것 말고는 하는 일도 없는데 굳이 다녀야 하나요?"

이 아이처럼 그동안 잘했던 것조차 갑자기 하지 못하고 무기력, 절망, 나태로 대부분의 시간을 보내는 아이들이 늘고 있다. 이들에게는 미래에 대한 희망을 잃어버렸다는 공통점이 있다. 세상은 살 만한 곳이라는 믿음, 계속 뭔가를 하고자 하는 동기가 증발했다. 준영이의 아버지는 성실했지만 일 중독자였다. 부자간에 같이 놀이를 즐기거나 편안하게 대화 한번 나눈 적이 없었다. 양육과 교육을 전적으로 맡아야 했던 엄마는 만성적인 우울증을 앓았다. 어렸을 때 준영이가 공부를 열심히 했던 건 부모님을 기쁘게 해 주기 위해서였다. 그러나 좋은 성적을 거둬도, 상장을 받아 와도 아빠와 엄마는 아이가 마음으로 완전히 의존하고 의지할 수 있는 대상이 되어 주지 않았다.

건강한 나르시시즘의 원천

도널드 위니콧은 엄마가 자신을 위해 먹을 것을 준비하는 소리를 들을 때 아이들은 심리적으로 위안을 얻는다고 말했다. 이때 아이들은 엄마가 하고 있는 것이 무엇인지 예측할 수 있다. 앞일을 예측할 수 있다는 것은 아이로 하여금 당장의 배고픔을 참을 수 있게 하는 원동력이 된다.

성인은 스스로를 전지전능한 힘을 가진 존재라고 생각하지 않지만, 우리는 모두 인생에서 한때 자신을 신으로 여겼던 적이 있다. 유아기에는 요구하는 대로 엄마가 다 들어주고 돌봐 주기에 자기가 우주의 중심이고 전지전능한 존재라는 무의식적인 환상을 갖게 된다. 내가 원하기만 하면 무슨 일이든 할 수 있다는 자신감, 뜻대로 되지 않으면 울고 화내도 된다는 자기애로 가득한 상태다.

생애 초기에 전능감을 충분히 경험한 아이는 세상이 예측 가능하고 또 통제 가능하다고 믿는다. 밑도 끝도 없는 자신감과 단단한 자존감은 이때 만들어진다. 세상을 예측할 수 있을 때 아이는 인내와 용기를 발휘할 수 있다.

반면에 전능감을 경험하지 못한 아이는 '세상은 통제 불능'이며 '내가 할 수 있는 일은 하나도 없다'고 받아들인다. 이런 환경에서 자란 아이는 학습 능력이나 창의적 잠재력을 상실할 우려가 있다. 불안정 애착으로 상실감을 경험하면 세상을 흥미롭게 즐기는 방식을 배우기가 어렵다. 이런 아이들은 매사에 관심을 잃은 듯한 태도를 보인다.

'적절한 좌절'을 통해
우리는 성장한다

전능감은 인간에게 필요한 건강한 나르시시즘의 원천이다. 자기가 전지전능한 존재라는 유아기의 과대망상은 이후 성장할 때 세상을 살아가게 해 주는 꼭 필요한 환상이다. 수많은 좌절과 실패의 감정으로부터 자아를 보호해 주는 '보호막'이 되어 주기 때문이다. 그러나 진정으로 의존할 수 있는 안전한 존재를 겪어 보지 못한 아이는 보호받는 느낌을 경험하지 못하고, 세상에 맞설 의지나 동기도 갖지 못한다.

유아기의 과대망상은 성장하면서 유용하게 변화한다. 성장 과정에서 아이는 '적당한 좌절'을 통해 자신의 한계를 깨닫는다. '떼를 써도 더 이상 안 되는 것이 있다'는 사실을 배우는 것이다. 이 과정을 통해 아이는 오히려 '균형 잡힌 자아'를 형성한다.

미국의 심리학자 하인츠 코헛Heinz Kohut은 바로 이러한 유아기의 나르시시즘이 '공감, 창의성, 수용, 유머, 지혜' 등으로 변형된다고 말했다. 이 능력들은 수많은 사람과 관계를 맺고 살아야 하는 성인에게 필수적인 능력이다.

그러나 계속해서 좌절만을 겪거나 전능감을 전혀 가져 보지 못한 아이는 과대망상의 단계에서 정체한다. 보통은 성장할 때 자기 힘의 한계를 깨닫고 나면 이를 받아들이고 현실과 타협하는데, 전능감을 형성하지 못한 아이는 계속해서 과대망상 단계에 머물면서 자신의 한계와 현실을 인정하지 못한 채 살아간다.

부모에게 전적으로 의존하는 경험을 하지 못한 준영이는 유아기에 전능감을 가져 보지 못했을 수 있다. 그런데도 이 아이가 열심히 공부해서 좋은 성적을 거두어 낸 것은 나름 인생을 건 노력이었는데도 불구하고 일 중독자인 아버지, 만성적인 우울증인 어머니는 그 노력조차 알아주지 않았다.

요즘 아동과 청소년, 청년들 중에는 준영이처럼 자신감이 부족하고 뭔가에 대해 흥미와 욕심도 내비치지 않고 마치 세상 다 산 것처럼 의욕을 상실한 경우가 적지 않다. 만약 그런 자녀를 두었다면, 아이를 탓하기 전에 '어린 시절 아이가 과대망상의 환상을 제대로 형성하지 못한 채 좌절을 경험한 것은 아닐까?' 스스로에게 되물을 필요가 있다.

불안은 '통제할 수 없다'는 느낌에서 온다

도널드 위니콧은 아이가 가진 전능감의 근원에는 엄마라는 의존 대상이 있다고 말했다. 의존할 안전한 존재가 있다는 사실은 세상에 맞설 수 있게 하는 힘이 되어 준다. 반면 그런 대상이 사라지면 고통스러운 유기 상태를 경험한다. 이때 아이는 자신의 몸이 해체되거나 소멸하는 것 같은 불안에 사로 잡히고 끝도 없이 추락하는 혼란스러움과 불쾌감을 느낀다.

엄마의 우울증이 자녀에게 미치는 정신적 영향을 최초로 밝 힌 인물인 위니콧 본인도 사실 만성 우울증을 앓는 엄마와 살았 다. 그 경험을 통해서 우울증이 있는 엄마 밑에서 자라는 아이 는 '엄마를 기쁘게 만드는 일'이 '자신의 일'이라고 믿어 버린다 고 그는 주장했다.

우울증에 걸려 엄마가 온전한 돌봄을 아이에게 주지 못하면, 아이는 태어나서 의존할 수 있는 거의 유일한 대상을 잃어버린 다. 엄마에게 충분히 의존하지 못했으나 그런 엄마라도 잃지 않 으려고 '엄마를 위해' 살게 된다. 엄마와 자녀의 역할이 뒤바뀌 어 엄마는 자녀의 돌봄을 받고 자녀는 엄마에게 돌봄을 주는 관 계가 돼 버린다.

아이가 전능감을 가지려면 양육자가 충분히 의존할 수 있는 대상이어야 한다. 우울증을 앓는 엄마가 의존의 대상이 될 수 없 는 것은 '예측이 불가능하기' 때문이다. 엄마의 얼굴과 행동에서 예측 가능한 면을 찾을 수 없기에 아이는 불안한 것이다.

엄마를 의존 대상으로 여기지 못하고 예측 불가능한 존재로 받아들일 때, 아이는 건강한 나르시시즘을 형성하지 못한다. 그 대신 자신감을 잃고 무기력과 우울, 나태의 자세로 빠져들게 된다.

사실 우리를 힘들게 하는 문제의 대부분은 그 문제 자체보다는 스스로의 힘으로 아무것도 할 수 없다는 무력감에 있다. '통제 불가' '예측 불가'는 인간을 가장 고통스럽게 하는 상황이다. 인간은 질서를 추구하는 존재다. 그렇기에 우리는 엄마의 품 안에 있을 때부터 이미 세상 전부인 엄마의 행동을 예측하고 통제하기를 갈망했던 것이다.

6

최초이자
최고의 응원군

생애 최초의 응원군

일본 작가 시오노 나나미의 저서 《로마인 이야기》에는 흥미로운 게르만족의 전투 방식에 대한 이야기가 나온다. 게르만족은 전쟁에도 자신의 가족을 동행했고, 아내와 아이들의 응원 속에서 전투를 치렀다. 고대 사회에서 전투의 패배는 말 그대로 '모든 것을 잃는다'는 것을 의미했다. 아내와 아이들의 응원 속에 적진을 향해 달려가는 게르만족 전사는 가족이 보고 있기에 절대 뒷걸음질 칠 수 없었다. 그들은 가족이라는 응원군을 가졌던 것이다. 이런 응원은 전쟁터의 전사나 경기장의 운동선수들에게만 필요한 것은 아니다. 누군가의 따뜻한 응원은 의지와 용기를 주기에 우리 모두에게 필요하다.

  인생에서 응원이 가장 많이 필요한 최초의 시기는 다름 아닌 걸음마 때다. 아이는 자라면서 자신이 엄마와 분리된 별개의 존재라는 것을 인지하게 되는데, 이를 행동으로 나타내는 것이 바로 걸음마다. 걷는 능력은 스스로의 선택에 의해 자유롭게 이동할 수 있는 힘을 의미한다.

  걸음마 시기의 아이는 엄마에게 전적으로 의존하던 기존의 방식이 옳은지, 아니면 스스로의 선택에 의해 나아가는 것이 옳은지에 대한 확신이 없다. 그래서 아이들은 걸음마를 할 때 엄마를 살펴본다. 엄마가 어떤 표정으로 자신을 보고 있는지, 자신을 향해 어떤 몸짓을 보이는지, 어떤 말투로 이야기하는지 말이다.

  바로 그 순간, 스스로 일어서려는 아이를 향한 부모의 탄성과 응원의 목소리는 엄마로부터 벗어나려는 자립성의 의지를 북돋우는 역할을 한다. 부모가 웃고 있으면 아이는 긍정의 신호로 받아들이고 부모의 긍정적 표정과 감정을 자기의 것으로 받아들인다. 만약 이 순간에 아이에게 아무런 응원과 지지를 보내지 않는다면 아이는 불안감을 느끼게 되고, 걸음마를 하는 게 맞는 것인지 아닌지 확신하지 못한다.

이 무렵 아이들은 자신의 팔다리로 움직이고 활보하다가도 이내 엄마의 곁으로 되돌아오는 행위를 반복한다. 다시 돌아와도 자기를 계속 격려해 주는 엄마가 필요하다. 세상을 향해 첫발을 내딛는 생후 18개월부터 3세 시기의 아이에게는 무엇보다 부모의 응원이 절실하다.

아이가 조금씩 자립과 독립을 향해 앞으로 갈 때, 즉 말을 배우고, 스스로 숟가락질하고, 걷고, 시행착오를 거듭할 때 "넌 할 수 있어" "우리는 너를 믿어" "네 뒤에 엄마 아빠가 있어"라는 칭찬과 지지를 보내는 부모가 곁에 있어야 한다.

아이의 분리불안은 불안정 애착에서 온다

인간이 가장 견디기 힘들어하는 감정 중 하나는 '외로움'이다. 그런데 놀랍게도 외롭지 않은 삶을 살기 위해서는 역설적으로 '외로울 수 있는 능력' 즉 '혼자 있을 수 있는 능력'이 필요하다. 위니콧은 아이가 혼자 있을 수 있는 능력을 갖는 것이 정서 발달에서 가장 중요한 신호 중 하나라고 말했다. 혼자 있을 수 있는 능력은 '정서적 성숙'과 관련이 있다. 이 능력은 처음부터 아이 혼자서 터득할 수 있는 것이 아니라 누군가가 옆에서 '전폭적인 지지'를 해 줌으로써 얻을 수 있다.

혼자 있을 수 있는 능력이 부족해서 나타나는 대표적인 증상은 바로 '분리불안'이다. 분리불안은 어머니가 눈앞에 보이지 않는 것을 견디지 못하는 증상을 말하는데, 대개 부모와 불안정 애착을 형성한 아이에게서 나타난다.

아이는 부모와 언어적으로 소통할 수 있는 장치를 아직 갖지 못한 상태다. 이 상태에서 양육자인 어머니가 자리를 비웠을 때, 아이에게는 어머니의 부재를 이해할 수 있는 능력이 아직 없다. 그래서 아이는 어머니가 사라지면 죽음과 같은 공포와 두려움, 슬픔을 느낀다. 어머니가 사라졌다는 것을 알아챈 아이의 울음소리에는 죽음과도 같은 절망과 상실의 아픔이 있다. 이때 어머니가 금세 다시 돌아와 보살펴 주면 아이는 쉬이 불쾌했던 감정에서 벗어난다.

반면 어머니가 사라진 시간이 너무 길어지거나 돌아와서도 냉담하게 구는 등 적절한 보살핌을 제공하지 않을 경우 아이의 절망과 슬픔은 만성적인 것이 된다.

눈에 보이지 않더라도
늘 곁에 있는 존재

어른의 시각에서 어머니가 자리를 비웠을 때 숨이 넘어갈 듯이 우는 아이는 기질이 좀 까다로운 아이로 보일 수 있다. 그러나 어머니가 언제 다시 돌아올지 알지 못하는 아이로서는 잠깐의 분리조차 '어머니의 죽음'으로 여겨질 수 있다. 아이는 분리에서 오는 슬픔에 대한 대처법을 알지 못한다. 성인처럼 자기의 마음을 언어로 표현할 수도 없다. 이 절망과 슬픔이 만성적인 것이 될 때 아이는 자기 내면에서 올라오는 자립성의 욕구를 적절히 알아차리지 못한다. 그래서 부모와 계속해서 떨어지지 않으려 하고, 심지어 어머니를 곁에 붙잡아 두기 위해 자기의 고통을 과장하기도 한다.

아이는 본능적으로 부모와 애착을 형성하려고 한다. 그러나 부모가 따뜻한 보호와 보살핌을 주지 않아 애착에 실패하게 되면 이것은 어린 시절의 상처로만 머무는 것이 아니라 성인이 된 후에도 지속적으로 부정적인 영향을 미치게 된다. 앞선 수희 씨와 지훈 씨의 사례처럼 말이다.

아이에게는 혼자 있을 수 있는 능력을 형성하도록 돕는 어머니와 그렇지 못한 어머니, 두 종류의 어머니가 있는 셈이다. 혼자 있을 수 있는 능력을 가진 아이로 키우기 위해 필요한 것은 아이와 안정 애착을 형성하는 것이다. 안정 애착은 자기 곁에 늘 있어 주는 따뜻하고 친밀하며 예측 가능한 존재가 있음을 아이가 인지할 때 만들어진다.

안정 애착을 형성하고 어머니의 존재와 응원에 대한 확신을 갖게 되면, 아이는 설령 부모와 잠시 떨어져 있어도 곧 다시 함께할 것이라는 확신을 갖는다. 이 확신은 아이가 새로운 것에 도전하거나 혼자서 무언가를 할 때 그리고 새로운 공간에서 낯선 사람들과 함께해야 할 때 든든한 자신감과 용기의 원천이 된다.

즉 용기는 아이의 내면에서 저절로 올라오는 것이 아니라 자기 곁에 믿을 만한 누군가가 있다는 '확신'과 '신뢰감'에서 생기는 것이다. 언제나 자기 곁에 누군가가 있다는 확신은 막 인생을 시작하는 아이에게 선물하는 최초의, 그리고 최고의 응원군이다.

7

친엄마가
이럴 수 있나요?

▶ 사랑하면서도 미워하는
애증의 관계

미옥 씨(54세)가 상담실에 들어오자마자 처음
으로 꺼낸 이야기는 딸에 대한 것이었다. 그녀는 이 말을 누구
에게도 해 보지 못했다며 잠시 뜸을 들이다가 말을 이었다.

"저는 제 딸이 미울 때가 자주 있어요. 때로는 질투심마저 느
껴요. 딸이 잘되고 성공하는 것에 엄마로서 진심으로 축하해 줘

야 하는데 마음속에서는 샘이 나요. 저, 엄마 자격도 없는 사람
이죠?"

그녀는 딸에 대한 이런 마음 때문에 죄책감에 시달린다고 했
다. 미옥 씨의 딸은 어려서부터 똑 부러지더니 학년이 올라갈
수록 그 영특함이 빛을 발했다. 고등학교 때는 전교 1, 2등을
놓치지 않았고, 이른바 명문대에 들어갔다. 적극적인 성격으로
봉사 활동과 스터디 활동을 하며 좋은 직장에 취직했다. 최근
에는 실력을 인정받아 직장에서 파격적인 조건으로 승진했다
는 소식에 주변 사람들 모두 딸을 잘 키웠다면서 미옥 씨를 부
러워했다.

그러나 미옥 씨와 딸은 말 그대로 애증의 관계였다. 서로에
대한 애착이 강했지만 정작 마음속에서는 질투심이 자주 일어
난다고 했다.

이 두 모녀에게는 한 가지 공통점이 있었다. 미옥 씨의 어머
니는 어린 시절 그녀에게 따스한 눈길 한번 준 적이 없었고 칭
찬도 거의 해 준 적이 없었다. 그리고 미옥 씨 역시 자신의 딸에
게 칭찬을 자주 하거나 따뜻하게 안아 주면서 키우지 못했다.
성적을 잘 받아 와도 반드시 떨어지는 점을 찾아내 더 잘해야
한다며 다그쳤다.

미옥 씨와 그녀의 딸은 모두 어린 시절 어머니에게 거부당했

고 그로 인해 심리적 박탈감을 느꼈다는 공통분모가 있었다. 이 공통분모는 서로를 사랑하면서도 시기하고 미워하는, 혼란스러운 모녀 관계를 만들고 있었다.

▶ 착한 엄마 '이브'와 못된 엄마 '릴리스'

동서고금을 통틀어 어머니는 돌봄과 헌신의 존재였다. 서양에서는 '성모 마리아'의 이미지로 어머니의 위치를 격상시켰고, 동양에서는 유교 사상에 의한 '희생의 어머니' 이미지를 만들었다. 어머니의 자애로운 사랑에 어떠한 의문도 품어서는 안 된다는 분위기가 굳건했다. 그러나 이 세상에 과연 희생하고 헌신하는 어머니만 있을까? 최근 뉴스에서는 친자녀를 학대하고 심지어 죽이기까지 하는 어머니가 수시로 등장하여 사람들을 공분하게 한다.

우리가 품고 있는 이상적인 모습에서 벗어난 어머니를 볼 때 우리는 분노한다. 그러나 사실 자녀를 공격하고 마치 마녀같이 잡아먹고 죽이기까지 하는 어머니의 이미지 또한 인류 역사에서 오랫동안 존재해 왔다.

독일의 심리학자 한스 요아힘 마츠Hans Joachim Maaz는 성모 마리아와 같은 이상적 어머니의 반대편에 마녀와 같은 이미지의 어머니상이 존재한다면서 이를 '릴리스Lilith'라고 불렀다.

이스라엘의 전설에 나오는 인물인 릴리스는 히브리어로 '밤의 괴물'을 의미한다. 전설에서는 인류의 첫 사람인 아담이 이브와 결혼하기 전 다른 여자와 결혼한 적이 있는데 그 상대 여성이 릴리스였다고 한다. 아담은 그녀에게 복종을 요구했지만, 릴리스는 서로가 동등하다고 주장하며 맞선 끝에 결국 낙원에서 추방당한다.

릴리스는 괴테의 《파우스트》에도 등장한다. 여기서는 아담의 첫 번째 부인으로, 남자를 유혹하면 절대로 놓아 주는 법이 없는 치명적인 요부로 등장한다. 기록에서 릴리스는 저주받은 여인, 죽을 운명을 가진 아이를 낳거나 남자를 유혹하는 음탕한 여인이면서 끔찍한 유아 살해범으로 나온다. 그래서 서양 문화권에서 릴리스는 임신부와 산모에게 해를 입히고 아기를 훔쳐 가서 잡아먹는 전설과 동화 속 마녀의 원형이 된다.

이처럼 릴리스는 순종적인 아내이자 자애로운 어머니인 이브의 반대편에 있는 인물, 남자에게 순종하지 않고 자녀를 끔찍하게 살해하는 무서운 어머니를 상징한다.

아이는 엄마의
상처 입은 내면아이 역할을 한다

어머니가 무조건적인 희생과 사랑을 베푸는 것이 아니라 이기적이고 탐욕스러우며 자신의 아이를 파괴하기도 한다는 것은 받아들이기 대단히 어려운 사실이다. 그러나 아이를 잡아먹거나 파괴할 정도는 아니더라도 모든 어머니에게는 릴리스의 모습이 숨어 있다.

릴리스의 핵심적 특징은 '아이를 거부하는 태도'다. 왜 어머니가 자신의 아이를 거부하고 미워할까? 그것은 아이가 어머니의 상처 입은 내면아이 역할을 하기 때문이다. 아이가 자신을 어머니와 동일시하듯, 어머니도 자녀와 자신을 동일시한다. 어머니가 아이를 거부하는 것은 어린 시절 상처받았던 자신의 모습을 거부하는 것으로, 거부를 통해 자신의 상처를 해결하려는 무의식적인 방식이다.

어머니로부터 충분히 인정과 사랑을 받지 못하고 컸을 경우, 그녀는 두 유형의 어머니가 될 수 있다. 하나는 자식을 인정하고 사랑하는 것에 유독 큰 의미를 부여하고 이를 충분히 제공하기 위해 애쓰는 어머니고, 다른 하나는 자신이 겪었던 것처럼 자녀를 인정하지 않는 어머니다. 여기서 후자는 프로이트가 말한 상처의 반복성을 의미하는 '반복강박'에 속한 어머니다. 이 어머니에게는 상처 입은 내면아이가 작동하고 있다.

▶ 말이 안 통해도 아이들은 모든 것을 알고 있다

문제는 어머니의 거부감이 무의식적으로 아이에게 전달된다는 점이다. 어머니와 아이 사이에는 언어가 통하지 않지만 아이는 자신을 안는 어머니의 눈길, 접촉, 표정과 분위기, 목소리 등을 통해 그의 속마음을 느낄 수 있다.

어머니의 거부하는 태도를 아이가 느낄 때, 그 아이에게 어머니는 릴리스와 같이 무섭고 위험한 존재가 된다. 어머니가 자기를 받아들이지 않는다는 느낌은 아이의 인생을 통틀어 가장 고통스러운 아픔의 뿌리가 된다.

한스 요아힘 마츠는 자존감과 정체성에 대한 어려움이 있고 공황장애로 고통받는 사람들의 대부분이 어린 시절 어머니에게 거부당한 경험을 갖고 있다고 주장한다. 이들은 어머니와 너무 일찍 떨어졌거나 '아이의 피를 빨아먹을 정도로' 요구가 많고 강압적인 어머니 밑에서 자란 사람들이라는 것이다.

아이에 대한 끊임없는 요구와 기대, 잔소리, 편애와 차별, 무관심과 방임을 통해 아이는 어머니의 속마음을 감지한다. 자신을 위해 희생하는 것처럼 모습을 연출한다고 해도 아이는 어머니의 무의식적인 속마음을 알아차릴 수 있다.

미움당한 아픔과 미워하는 마음 인정하기

어머니가 자신을 거부했다는 사실을 인정하는 것보다 더 어려운 것은 이런 거부당한 경험을 자연스럽게 털어놓는 것이다. 아울러 어머니 또한 자신의 자녀에 대해 미움과 거부감을 느끼고 있다는 것을 받아들이기가 쉽지 않다.

그러나 정말 회복하고 싶다면, 마음에 존재하는 자녀에 대한 미움을 애써 포장하고 숨기기보다 인정하는 것이 필요하다. 마음 깊은 곳에 있는 거부감, 분노와 증오, 역겨움을 끄집어내어 털어놓고, 그것을 있는 그대로 받아들이는 경험 자체가 회복의 출발이다.

내면 깊은 곳에 어린 시절 자신을 거부한 어머니로부터 고통받은 아이가 존재한다는 것을 직면하는 순간, 반복강박은 사라지고, 상처 입은 내면아이를 대물림하는 것 또한 막을 수 있다.

8

가 족 사 이 의 불 안

세상에서
가장 불행한 상속

숨 막히는 엄마, 야속한 딸

자매인 은영 씨(27세)와 은희 씨(24세)는 엄마만 보면 숨이 막힌다고 했다. 엄마와 대화할 때마다 늘 답답하고 화가 치밀어 오르는데 왜 그런 건지, 어디서부터 어떻게 풀어야 할지 도대체 모르겠다고 고민했다.

은영, 은희 씨의 어머니는 결혼 전 시댁의 반대를 무릅쓰고 억지로 결혼을 감행했다. 그녀는 시부모가 언제나 못마땅해하는 며느리였고, 평생을 가시방석에 앉은 것 같은 환경에서 마음고생하면서 살았다. 시부모에게 흠 잡히지 않으려고 전전긍긍하면서 30년 가까이 산 끝에 얻은 것은 만성적인 불안감이었다. 이 고부 갈등은 얼마 전 시어머니가 세상을 떠남으로써 종지부를 찍었다.

어머니가 자신의 불안을 투사한 대상은 두 딸이었다. 그녀는 자신이 느끼는 불안감을 완화시키기 위해 딸들을 엄격하게 통제했다. 하나에서부터 열까지 자신의 기준에 미치지 못하면 잔소리를 했고, 아무리 사소한 것이라도 자신의 뜻에 따르지 않으면 트집을 잡았다. 당연히 딸들은 꽉 막힌 공기 속에서 긴장하며 성장했고, 성인이 되어서도 어머니와의 이 같은 마찰은 줄어들지 않았다.

그러면서도 어머니는 두 딸에게 자신의 불행한 운명을 자주 한탄하며, 시집살이도 힘들었는데 딸들마저 자기 마음을 알아주지 않는다고 서운해했다. 은영 씨와 은희 씨는 엄마의 힘든 삶은 이해했지만, 자신들의 의지와는 상관없이 언제나 당신 뜻대로 하려는 것에 대해서는 숨이 막혔다.

한편 어머니 입장에서는 두 딸이 자기주장이 너무 강하고 이기적인 데다 야박하다고 푸념했다. 힘든 자신을 이해해 주지 않고 불만스러워하는 딸들이 실망스럽고 억울하다고 말했다.

이쯤 되면 어머니와 두 딸은 마치 원수 같은 관계가 되어 버린다. 어머니는 자신의 통제에 저항하고 거스르려는 딸들을 더욱 단단히 붙잡게 되고, 딸들은 어머니를 거역하지 않고 그대로 따라서 완전히 종속되거나 어머니와의 정상적인 관계를 포기하고 단절하는 갈림길에 서게 된다.

문제는 지나치게 밀접한 관계

미국의 가족치료사 머레이 보웬Murray Bowen은 사람들이 느끼는 불안의 정도와 그가 자란 가족과의 연관성에 대해 이렇게 이야기했다. 불안은 한 사람의 기질, 성격과도 연관이 있지만 가족과의 정서적 문제 때문에 심해질 수 있으며, 자신이 자란 가족과 정서적으로 지나치게 밀접하게 얽혀 있는 경우 불안이 더 높아질 수 있다고 말이다.

예를 들어 만성적으로 불안에 휩싸여 있는 어머니는 자신이 느끼는 불안감을 자녀와 함께 공유하기를 바란다. 그러기 위해서는 자녀의 협조가 필요하다. 자녀는 어머니의 정서 상태와 욕구에 대해 언제나 민감한 아이가 되어 어머니의 불안을 완화해 주는 역할을 해야 한다.

그러나 언제나 최악의 상황만을 염두에 두는 어머니의 불안은 자녀에게 터무니없는 것으로 여겨진다. 이 지점에서 자녀는 딜레마에 빠진다. 어머니의 과장된 불안을 인정하고 요구에 응할 것인가, 아니면 그의 요구가 잘못된 것이라고 설득할 것인가?

만성적인 불안감에 시달리는 어머니와 정서적인 유대를 이루려면 자녀도 어머니와 비슷한 수준의 불안을 가져야만 한다. 결국 자녀는 어머니와 유사한 불안감을 갖게 되고, 이것은 만성적인 불안에 시달리던 어머니의 삶이 자식에게 대물림되는 결과를 낳는다.

이 상황에서 자녀가 어머니를 설득하려고 하면 어머니는 더 큰 불안감에 사로잡혀 자녀에 대한 통제력을 강화한다. 이러한 어머니에게 가장 극심한 스트레스 요인은 자녀가 더 이상 통제받지 않으려 하는 독립성을 드러낼 때다. 그 순간 어머니는 현재 자신이 받는 스트레스가 내면의 불안감이 건드려진 탓이라고 생각하지 못하고, 자녀의 행동만을 탓하게 된다.

어머니와 자녀 간의 갈등이 일상이 되어 버리고, 만성적인 긴장에 시달리면 신체적인 질병을 앓기도 한다. 문제는 어머니의 신체적인 질병이 또다시 자녀에게 '나 때문이야'라는 죄책감을 갖게 한다는 사실이다. 자녀는 결국 부모에게 백기를 들거나 아예 떠나는 방법을 택할 수밖에 없다.

위 사례를 정리해 보면 은영, 은희 씨 자매의 어머니는 다음과 같은 패턴으로 행동했다. 첫 번째, 말로 생각을 전한다. 두 번째, 자녀가 들어 주지 않으면 짜증을 내고 잔소리를 한다. 세 번째, 그래도 자녀가 움직이지 않으면 자신이 얼마나 힘든지 알아주지 않는다고 책망하여 죄책감을 유발한다. 네 번째, 그래도 만족스럽지 않으면 머리를 싸매고 누워 버린다.

상황이 이렇게 되면 두 딸은 결국 항복을 선언할 수밖에 없다. 어머니의 의도대로 결론이 나고 마는 것이다.

가족 간에도 경계를 지켜야 한다

상처는 어떤 특정 사건과 행동에서만 발생하는 것이 아니다. 눈에 보이지 않지만 언제나 존재하는 관계 안의 '경계선'으로 인해 발생할 수 있다. 오히려 이것이 더 깊고 아픈 상처의 흔적을 만든다. 일단 그 실체가 눈으로 보이지 않고, 늘 느끼지만 분명히 무어라 짚어 말하기 어렵기 때문이다. 겉으로 드러나지 않는 고통은 상처를 올바로 보지 못하게 해서 더 깊은 상흔을 만든다.

부모와 자식 관계라도 각자는 독립된 개별적인 존재다. 둘 사이에는 일정한 경계선이 필요하고, 이런 경계선을 서로 존중해야 한다.

그러나 정서적으로 뒤얽힌 관계에서는 이 경계가 모호하다. 부모가 자녀에게 경계선을 허용하지 않으면, 부모의 정서적 상태가 여과 없이 자녀에게 넘어가 버린다. 자녀가 이를 거부하면 그 부모는 어떠한 수를 써서라도 경계를 넘어 자녀를 자신과 같은 상태로 만들려고 한다.

그렇다면 이런 부모는 자녀를 사랑하지 않는 사람일까? 그렇지 않다. 이 부모도 자녀를 진정으로 사랑한다. 오히려 그 정도가 다른 사람보다 더 과하다 할 수 있다. 부모가 자녀를 불안하게 만드는 것은 자녀를 덜 사랑해서가 아니라 관계가 불안정해서다. 관계가 불안정할 때 불안은 피할 수가 없다. 이때 부모와 자녀는 서로를 염려하고 신경 쓰면서도 미워하며 살아가게 된다.

관계로 인해 발생한 불안은 다시 관계를 회복시킴으로써 변화시킬 수 있다. 불안정한 관계를 안정적으로 만들기 위해서는 우선 서로 뒤얽힌 관계에 일정한 경계를 세우는 것부터 시작해야 한다. 부모와 자녀가 정서적으로 분리되어 얽히지 않는 상태를 유지하는 것이 우선이다. 아무리 부모 자식이지만 서로의 '선'을 지켜야 일상 속에서 수시로 발생하는 긴장과 갈등에 휘말리지 않는다.

9

독이 되는 사랑도
있습니다

▶　　　엄마 없이 아무것도 못 하는 아이

강박증과 알코올 중독에 시달리고 있던 혜진 씨(32세)는 상담실 의자에 앉자마자 참아 왔던 것을 내뱉듯 급하게 말을 꺼냈다.

"이 나이 되도록 제가 누구인지, 제가 원하는 게 진짜 뭔지를 모르겠어요."

어린 시절 그녀는 어머니가 하라는 대로만 하고 살았다. 입는 옷, 진로, 과제, 친구 선택, 하다못해 학교에서 집에 오는 길까지 어머니가 다 정해 주는 대로 따랐다. 어머니는 '머리' 딸은 '몸통'과 같은 관계였다. 몸통은 머리가 시키는 대로 움직였다. 물론 고등학교 3학년 때도 어머니가 지정한 대학에 지원해 들어갔고, 졸업 후 입사한 직장도 어머니가 원하는 곳이었다.

그런데 몇 해 전 그녀의 어머니가 갑작스럽게 세상을 떠났다. 무엇 하나 스스로 선택하고 결정해 본 적 없던 혜진 씨에게 어머니 없이 혼자 결정해야 하는 상황은 혼란 그 자체였다. 어머니의 욕구에만 길들여져 있었는데, 그녀가 없으니 허허벌판에 내동댕이쳐진 기분이었다. 그 불안을 잊으려다가 혜진 씨는 강박증과 알코올 중독의 수렁에 빠지고 말았다.

스스로 결정하지 못하고 어머니의 욕구만 따르며 살았던 혜진 씨는 자신에 대한 신뢰감을 형성할 기회를 갖지 못했다. 자신에 대한 신뢰감이 만들어지려면 무엇보다 혼자 선택하고 결정한 일에 대한 성공 경험이 필요하다. 이런 성공 경험을 가져 보지 못한 혜진 씨로서는 자신의 힘으로 뭔가를 해낸다는 것이 기적에 가까웠다.

이 모든 것이 그녀의 어머니가 원했던 결과일까? 아닐 것이다. 어머니는 그저 딸을 잘 보호하고 잘 키우려고 했을 것이다.

그러나 결과적으로 딸은 혼자서 아무것도 할 줄 모르는 사람이
되어 버렸다.

말 잘 듣는 아이가
건강한 아이일까?

부모의 지나친 사랑은 때로 자녀에게 독이 된
다. 아이에게서 독립심을 키울 기회를 박탈하기 때문이다. 부모
가 사사건건 간섭하고 통제하면 자녀는 분개하면서도 정작 부
모에게서 떠날 수 없고, 거부하고 싶지만 받아들일 수밖에 없는
상태가 된다. 부모에게 언제든 의지할 수 있기 때문이다. 말 그
대로 모순적인 관계다. 한스 요아힘 마츠는 어머니의 사랑이 지
나쳐 발생하는 '모성애 중독'을 어머니와 아이 사이에서 일어나
는 '가장 비극적인 일'이라고 말했다. 이런 어머니들은 자녀를
사랑해서 그런 거라고 확신하며 아이에게 커다란 고통이 된다
는 것을 알지 못한다.

고통의 원인은 부모의 사랑이 아니다. 어머니가 주려던 사랑
이 사실 아이가 바라던 것이 아니라는 데 있다. 어머니는 아이
를 위해 희생하고 애쓰지만 정작 아이는 힘들어한다. 그리하여
부모와 자녀는 서로 이해하지 못한 채 상대를 불행하게 만든다.

어머니가 모성애 중독인 경우 그 자녀에게서 나타나는 가장 큰 문제는 자기 정체성을 발전시키지 못하고 부모의 기대와 요구에 수동적으로 맞추게 된다는 점이다. 자녀는 자신이 지금 무엇을 원하는지, 이것을 채우기 위해 무엇을 해야 하는지를 배우지 못한다. 오직 타인의 욕구에만 반응하는 사람이 되어 매사에 잘 참고, 눈치를 많이 보는 아이로 성장한다.

이런 사람들은 겉으로 봤을 때 매우 순종적이고 착한 성격을 가진 것처럼 보인다. 그러나 부모의 지나친 간섭과 통제로 인해 마음 깊은 곳에 분노와 원망이 쌓여도 자기감정을 스스로 알아채지 못하는, 의존적인 아이가 본모습이다.

몸만 큰 채 어쩔 줄 모르는 아이

건강한 성인으로 사회생활을 원활하게 하기 위해서는 다른 사람과의 관계에서 자기주장을 표현하거나 관철하는 능력이 필요하다. 자기주장의 기술은 타인과의 관계 맺기에서 매우 중요한 기술이자 건강하고 행복한 삶을 위한 전제조건이다. 상대방을 설득하는 힘, 이해심을 불러오는 호소, 원하는 바를 강력히 요구하는 법 등 다양한 능력이 필요한데 어린 시절 부모와의 관계는 이것을 배울 수 있는 훌륭한 장이다.

그러나 아이에게 이러한 것을 허용하지 않는 모성애 중독은 아이가 자기표현의 기술을 배울 기회 자체를 박탈한다.

혜진 씨 역시 성인으로서 필요한 자기주장 기술을 배우지 못하고 성장했다. 어렸을 때는 어머니가 대신해 줬지만, 그럴 수 없는 성인이 된 후의 삶에서 커다란 위기를 겪게 된 것이다. 몸은 커서 어른인 것처럼 보이는 혜진 씨의 안에는 혼자서 아무것도 할 줄 모르는 내면아이가 당황하고 있었다.

자기주장은 자신의 의견을 표현하는 능력만을 의미하지 않는다. 다른 사람의 욕구와 바람으로부터 자기의 경계, 즉 관계의 선을 일정하게 긋는 능력도 포함한다. 다른 사람으로부터 자기를 보호하고 방어하는 것이다. 적절하게 자기를 방어하지 못할 경우 만만한 대상으로 평가되어 먹잇감으로 전락할 수 있다. 어릴 때와 달리 성인의 사회생활은 상대방의 눈치를 잘 보는 것만으로 해결할 수 없는 상황이 다반사다.

▶ 사랑일까? 권력 남용일까?

한스 요아힘 마츠는 모성애 중독에 걸린 어머니의 주된 특징 중 하나로 아이가 자신의 요구대로 행동할 때만 애정을 준다는 점을 꼽는다. 아이로서는 사랑과 보살핌을 받기 위해 어머니의 소망과 기대에 부응하는 것이 너무나 당연하고 중요한 일이다. 그러나 그것이 자신의 성장과 발달을 가로막는다는 것을 아이는 알 길이 없다. 부모가 자신을 위해 희생한다는 것만 알고 있기 때문에 감히 그들을 원망하지 못한다.

그렇게 자란 아이는 성인이 되고 결혼을 하여 독립을 한 다음에도 자기가 원하는 것보다는 부모가 원하는 것을 먼저 파악하고 그것을 만족시키기 위해 살아가게 된다.

모성애 중독을 유발하는 어머니는 자녀의 사소한 일상도 간섭하고 통제한다. 자녀가 그날 입을 옷과 헤어스타일까지 어머니의 의지를 반영시키기도 하고, 자녀의 사생활을 침범하여 그 어떤 혼자만의 비밀을 만들지 못하게 한다. 이런 부모들은 겉으로 보기에 자식 사랑이 넘치는 것처럼 보이지만, 오히려 사랑이 충분하지 않은 것일 수 있다. 그들이 아이를 위해 하는 최선의 노력에는 아이가 아닌 본인의 욕구에 더 방점이 찍혀 있기 때문이다.

이것은 오로지 자기만 바라보고 자기에게만 의존하는 아이에게 엄청난 권력을 남용하는 것과 같다. 오스트리아의 심리학자 루이 쉬첸회퍼Louis Schutzenhofer는 "아이에 대해 무한한 권력을 누리고 싶은 욕구가 균형을 이루려면 책임감과 자기절제가 필요하다"고 말했다.

아이를 위해 지나치게 헌신하며 자기 뜻대로 아이를 통제하는 관계에서 찾을 수 있는 또 하나의 본질적인 문제는 자녀를 배우자의 대체물로 보거나 충분한 돌봄과 사랑을 받지 못했던 어린 시절의 자기 분신으로 본다는 점이다. 혜진 씨의 어머니는 딸에게 아낌없이 사랑을 주었지만, 사실 그것은 지난날 사랑받지 못했던 자신을 돌보려는 행위였을 수 있다.

부모의 욕구와 자녀의 욕구는 다르다

자녀가 사춘기가 되고, 성인이 되고, 누군가의 배우자가 되고, 부모가 되는 과정에서 모성애 중독은 말 그대로 자녀에게 독으로 작용한다. 부모에게 의존하는 것이 너무나 익숙한데, 성인의 삶을 성취하기 위해 부모로부터 벗어나는 힘겨운 과제를 너무나 뒤늦게 떠안기 때문이다.

더구나 부모는 성인이 된 자녀가 자신으로부터 벗어나려 하는 시도를 긍정적으로 보지 못하고 '위협'으로 느끼기까지 한다. 그래서 더 이상 자신에게 의존하지 않으려고 애쓰는 자녀를 원망하고, 방해하고, 심지어 협박하기도 한다. 부모의 이러한 반응 앞에서 자녀는 죄책감에 사로잡혀 불안감을 느끼거나 무력 감에 빠진다. 여기서 자녀가 선택하는 길은 두 가지다. 유년기 처럼 여전히 어머니에게 의존하거나 어머니와 단절하는 것. 두 가능성 모두 후유증은 만만치 않다. 하나는 성인이기를 포기하 는 것이고, 다른 하나는 어머니와의 단절로 인한 죄책감, 수치 심, 만성적인 불안감에 사로잡히는 것을 각오해야 한다.

이를 해결하기 위해서는 부모와 자녀 간에도 일종의 샅바 싸 움처럼 힘겨루기를 하고, 적절한 타협점을 찾는 과정을 겪어야 한다. 아이는 많은 경험치가 쌓이지 않았기에 앞일을 예측하지 못하고, 어리석은 판단을 할 수 있다. 옆에서 지켜보는 부모로 서는 당연히 이 과정에서 아이가 상처를 입거나 헛된 시간을 보 낼까 봐 걱정이 된다.

그러나 자녀를 위한다는 미명하에 무조건 자신의 판단과 욕 구를 따르라고 요구하고 이것을 반복한다면 그 자녀는 성인이 되어도 제구실을 하지 못하는 '영원한 아이'로 남을 수 있다.

오히려 부모가 방향을 제시했을 때 자녀가 이를 거부하거나 수정을 요구하고, 이것의 결과로 실패 경험과 성공 경험을 얻어 야 자녀는 비로소 혼자 설 수 있게 된다. 상대방을 설득하는 힘, 이해심을 불러오는 호소, 강력히 요구하는 법, 자신을 표현하는 기술 모두 이 과정에서 얻을 수 있다.

3부

상처 입은 아이는
상처 입은 아이를
불러낸다

우리의 자아는 혼자 걸어 온
인생의 길에서 얻은 결과물로만 이루어진 것이 아니다.
자아는 수많은 사람의 경험과 자의식,
생물학적 유산과 사회적 유산의 결과물이다.
인간은 모두 누군가의 아들이거나 딸이고,
우리가 속한 가족사의 일부다.

1

자신의 영혼을
파는 아이

▶ 나는 미움받아 마땅한 존재

상담실에서 자주 보게 되는 두 가지 유형의 사
람이 있다. 어디에도 속하지 못하고 뿌리 없이 살아가는 사람,
그리고 잘못된 배우자를 선택하여 불행한 결혼생활로 끊임없이
고통받는 사람이 그들이다. 이들에게는 중요한 공통점이 있는
데, 그것은 생애 초기 환영받지 못한 아이였다는 것이다.

부모에게 거부당한 아이는 그만큼 깊은 상처에 베이게 되고 이후의 삶 속에서도 지속적인 영향을 받게 된다.

한스 요아힘 마츠는 소위 '비호감'의 행동을 해서 주변 사람들의 눈살을 찌푸리게 하는 사람들에게는 "언제나 어린 시절 거부당하고 환영받지 못한 과거가 있다"고 말했다. 분노를 유발하고, 밉살스럽게 행동하고, 주변 사람으로부터 기피의 대상이 된 사람들은 사실 태어날 때부터 부모에게 거부당한 아이였다는 것이다. 그를 기형적으로 삐뚤어지게 만든 근본적인 원인은 거부당한 상처다.

회사원 수현 씨(32세)는 직장에서 겪는 대인관계의 어려움을 호소하며 상담실을 찾았다. 회사 동료들이 자기를 좋아하지 않으며, 평상시 자기가 무슨 행동을 하는지 주목하고 있다가 무언가 실수를 하면 '때는 지금이다'는 식으로 험담한다고 거의 신념에 가까울 정도로 믿고 있었다. 그녀는 잘 참다가도 사람들이 자신을 비난하고, 무시하는 느낌이 들면 화가 폭발했다. 그런데 이직을 해도, 회사가 아닌 다른 단체에서도 이런 일이 반복되자 그녀는 문제의식을 느끼고 나를 찾아왔다.

"하긴, 저는 그런 대우를 받을 만한 사람인지도 몰라요."

수현 씨는 뿌리 깊은 자기혐오감을 가졌으면서도 타인이 자신을 조금이라도 무시하는 것 같으면 분노하는 사람이었다. 계속된 상담에서 그녀의 어머니는 1980년대에 대학까지 나온 똑똑한 여성으로 주위의 기대를 한 몸에 받았으나 갑작스러운 임신과 뒤이은 결혼으로 직장을 마지못해 그만두었다는 이야기를 꺼냈다. 어린 시절 수현 씨 기억 속의 어머니는 따뜻한 사랑은 커녕 늘 차갑고, 가까이 다가서기에 먼 존재였다.

상담실에서 만나게 되는 많은 여성 내담자가 고민하는 문제의 뿌리를 보면 겉으로는 여러 부분이 얽히고설킨 것 같지만 언제나 어머니의 문제가 똬리를 틀고 있다.

어린 시절 수현 씨의 어머니는 별다른 애정을 베풀지 않고, 쉴 틈 없이 짜증 섞인 잔소리를 했다. 어머니가 자신을 탐탁잖게 여긴다고 느낄 때마다 어린 수현 씨는 심장이 뛰었다. 그녀의 어머니는 버릇처럼 "내가 너 때문에 뭘 포기했는지 아는 거야?"라는 혼잣말을 자주 읊조렸다. 그녀는 그런 어머니의 눈에 조금이라도 들기 위해 발버둥을 치면서 성장했다.

그녀는 직장에서 열심히 일하고는 있지만, 그것은 인정받고 성공하기 위해서라기보다 생존을 위해서였다. 가능한 한 흠을 잡히지 않기 위해 최소한의 수동적 자세만 취하는 그녀에게 동료들이 호감을 갖고 다가오기는 어려웠다. 묵묵히 일은 하지만 그 무엇도 함께하지 않는, 어떤 대화에도 끼지 않고 늘 혼자 다니는 수현 씨를 동료들은 '이해 불가의 캐릭터'라고 여겼다.

너의 탓이 아니야

거부당한 아이들 중에는 그 책임을 부모가 아닌 자기 자신에게 돌려 평생 그 짐을 지고 사는 경우가 많다. '난 그럴 만한 아이야'라고 하면서 버림받은 책임을 자신이 지고, 자기존재 가치에 늘 회의를 느끼는 것은 대단히 불행한 일이다.

생애 초기 부모에게 자신이 무가치한 존재였다는 사실에서 도망치는 방법은 아이러니하게도 현재의 삶 속에서 자신이 무가치한 존재임을 피부로 느끼는 것이다. 차라리 그 고통을 현재의 삶 속에서 느끼는 것이 어린 시절 자기가 그런 존재였다는 사실을 마주하는 것보다 수월하기 때문이다. 이런 사람들은 미움받을 만한 행동을 함으로써 '나는 거부당해도 싼 존재'라는 자기혐오감에 정당성을 부여한다.

또한 부모가 원치 않았던 아이들 중에는 극심한 죄책감에 시달리는 경우도 많다. 자신이 '실수로 잘못 태어난 존재'라는 자책에 시달리는 것이다.

자신이 딸로 태어나는 바람에 어머니가 아들을 낳지 못한 죄인이 됐던 것, 자신이 태어나는 바람에 가정의 경제 형편이 어려워진 것, 자신을 낳느라 어머니가 직장을 그만두었던 것, 자신이 태어날 무렵 아버지가 가정을 내팽개치고 외도를 했던 것, 자신을 키우느라 부모님이 고생스러운 일을 했던 것, 아버지가 폭력을 일삼거나 알코올 중독이었던 것…. 이 모든 것의 책임을 무의식적으로 스스로에게 돌린다.

이렇게 해서 환영받지 못한 아이는 태어날 때 부모의 삶에서 오는 부담을 자기의 짐으로 받아들인다. 부모에게 책임을 전가하는 것보다 자신에게 돌리는 것이 덜 아프기 때문이다.

모든 책임을 스스로에게 돌려 자신에게 일어났던 일에 정당성을 부여하지만, 이것은 내면에서 파괴적인 프로그램으로 작동한다. 마음 깊은 곳에 자리 잡은 자기존재에 대한 무가치감은 자존감에 심각한 손상을 입힌다.

나의 가치는 내가 정하는 것

이런 사람들의 또 한 가지 특징은 자신이 부모의 감정에도 책임이 있다고 생각하면서 자란다는 것이다. 늘 차갑게 잔소리를 내뱉던 어머니의 마음에 들기 위해서 어린 수현 씨는 지금 직장에서 하는 것처럼 흠 잡히지 않기 위해서 노력했고, 모든 기준을 어머니에게 맞췄다. 그렇게 함으로써 어린 수현 씨는 자신이 어머니의 입맛대로 행동하면, 어머니의 잔소리

또한 줄어든다는 것을 알았다.

　이런 사람을 괴롭히는 것은 어린 시절 부모가 자신을 거부했다는 기억 자체가 아니다. 그것으로 인해 손상되고 낮아진 자존감이 문제다. 상처 입은 내면아이를 가진 사람은 부정적인 자아상과 낮은 자존감으로 인해 자기 자신을 균형 잡힌 시각에서 바라보는 것이 어려워진다.

　낮은 자존감을 지닌 채 자신을 무시하고 타인의 욕구에만 자신을 맞추는 아이를 한스 요아힘 마츠는 '영혼을 파는 아이'라고 불렀다. 아이는 스스로를 위장하고 부모를 비롯한 다른 사람에게 종속되어 그들이 정해 준 원칙과 생활방식만을 따라가다가 생동감을 잃어버린다.

　이런 아이들은 자신에게 요구된 삶의 방식에 스스로를 맞추는 게 더 익숙하다. 타인의 욕구와 감정을 더 중요하게 여기면서 자신이 원하는 것을 쉽게 포기하기 때문에 초반에는 남보다 더 쉽고 빠르게 성공에 이르기도 한다. 그러나 대부분은 지나친 명예욕으로 주변 사람들에게 이기적이고 교만하게 행동하게 되기에 이런 사람들이 한 조직의 리더나 사회 지도층 인사가 될 경우 그들이 가져올 위험성은 대단히 크다. 사회적으로 파괴적인 행동을 하는, 해로운 존재의 탄생은 자신을 내면 깊은 곳에서 무시하고 소외시키는 데서 비롯된다.

흠집이 난 자존감을 회복하는 과정은 쉽지 않다. 그러나 부모로부터 환영받지 못하고 거부당했던 자신을 책망하고 헐뜯는 것으로는 절대 회복의 길에 들어설 수 없다. 어린 시절부터 자신을 깎아내리고 나무라면서 가혹한 현실을 버텨 왔던 생존방식이 이제 한계에 다다랐음을 인정해야 한다.

인생의 가장 큰 고통은 부모나 남이 아니라 자신이 스스로를 무가치하게 여기는 데서 온다. 세상으로부터 거부당하는 것보다 자기가 자신을 거부하는 게 더 아프다. 세상이 나를 버려도 나만은 나를 포기하지 않겠다는 마음을 품는다면 희망은 더욱 뚜렷해질 것이다.

2

인류 최초의
살인사건

▶　형제의 후광 혹은 그늘

　　두 형제가 있었다. 둘은 같은 중학교와 고등학
교를 다녔는데 동생이 중학교에 입학했을 때 이미 그의 형은 늘
전교에서 1등을 하는 우등생으로 유명했다. 동생은 학교에 들
어갈 때부터 형의 후광을 받았다.

　　"오! 네가 바로 그 ○○의 동생이구나!"

선생님들과 학생들은 '전설적인 인물'인 형에 대해서 이야기했고 동생에게도 형과 비슷한 능력을 기대했다. 그러나 동생은 아무리 노력해도 형의 반도 미치지 못했다. 공부뿐 아니라 학업 태도, 리더십 등 그 무엇에서도 별로 두각을 나타내지 못했다. 그렇다고 아주 떨어지는 편이 아니었는데도 동생은 가정과 학교에서 늘 형의 그늘 속에 살며 비교 대상으로만 언급됐다.

자신에게 주어진 '형보다 못한 아우'라는 열등한 이미지 밑에서 동생은 인생이 불공평하다는 사실을 너무 일찍부터 받아들여야 했다.

다른 특기를 살려보는 등 동생은 나름의 방법도 강구해 봤지만 형을 능가하기는커녕 따라가기에도 숨이 찼다. 매 순간 이어지는 열등감은 그로 하여금 형과 정반대의 삶을 살아가게 만들었다. 그래서 동생은 문제를 일으키고 사고뭉치가 되는 편을 택했다. 아무리 쫓아도 모범생인 형의 발꿈치조차 도달하지 못했지만, 말썽을 일으키는 데에는 자기가 앞설 수 있었다. 아무런 관심도 못 받으니 차라리 사고를 쳐서 관심을 받고자 했다.

결국 형은 학업과 모든 면에서 우수한 학생으로 기억됐지만 동생은 걸핏하면 사고를 치는 문제아로 낙인찍혔다. 두 형제는 물과 기름처럼 전혀 다른 성향을 갖게 됐고, 성인이 된 후에도 극과 극의 삶을 살았다.

달걀을 얻기 위한 생존방식

동현 씨(38세)는 직장 동료들 사이에서 '밉상'으로 통했다. 원하는 것이라면 수단과 방법을 가리지 않고 성취하는 그의 능력에 동료들은 혀를 내둘렀다. 그는 조직 안에서 누가 더 힘이 있는 사람인지를 재빨리 알아차렸고, 자신이 필요한 것을 가진 사람과는 놀라울 정도로 금세 친해져 끈끈한 관계를 형성했다. 그 결과 다른 동료들이 잘 모르는 중요한 정보들을 제일 먼저 확보했다. 처음에는 조직에서 별로 주목받지 못하던 사람이었지만, 어느새 그는 핵심적인 인물이 됐다.

동료들은 그런 동현 씨에게 묘한 불편함을 느꼈다. 그가 가까이 다가오면 '나한테 뭘 원하나?' 하는 의심부터 했다. 그는 표면적으로 직장 생활을 잘하는 것처럼 보였지만 동료들과의 관계에서는 그저 겉도는 사람이었다.

동현 씨에게는 초등학생 때 형과 여동생, 그리고 달걀프라이에 얽힌 사연이 하나 있었다. 형은 장남이라서 늘 도시락에 달걀프라이가 있었고, 공부 잘하고 귀여운 여동생도 막내라는 이유로 늘 달걀프라이가 도시락에 있었는데, 아무리 기다려도 자기 도시락에는 그 순서가 돌아오지 않았다. 달걀이 귀한 시절도 아니었는데 말이다.

어느 날 그는 결심했다. '내 도시락에도 반드시 달걀프라이를 넣겠다'고. 그래서 동현 씨는 가족 안에서 가장 힘 있는 아버지의 눈에 들려고 늘 애를 썼다. 그는 당시를 이렇게 회상했다.

"어느 순간 제 도시락에도 달걀프라이가 들어 있더라고요."

그 후 동현 씨는 자기만의 전략과 생존방식을 만들었다. 형제들과의 경쟁 속에서 밀리지 않기 위해 가장 힘 있는 사람을 붙잡으면서 버티는 전략을 사회생활에서도 쓰게 된 것이다.

형제자매의 관계는 성인이 된 이후 사회생활에서의 관계 패턴에 큰 영향을 미친다. 어린 시절을 벗어나 사회라는 전혀 다른 무대로 옮겨 가도 여전히 형제자매에게서 느꼈던 감정과 그 사이에서 살아남은 대처법으로 살아간다.

부모의 편애와 차별이 만드는 것

성서의 창세기에 의하면 인류 최초의 살인은 형제간의 질투에서 비롯됐다. 형이 동생을 살해하는 카인과 아벨에 대한 이야기를 보면, 형 카인은 동생보다 인정받지 못한다는 사실에 결국 동생 아벨을 살해한다. 창세기에는 아버지의 사랑을 독차지한 동생을 미워하고 그를 궁지에 빠뜨리는 야곱의 아들들 이야기도 나오는데, 요셉에 대한 아버지 야곱의 지극한 사랑은 다른 형제들에게 고통스러운 상처가 됐다. 결국 아버지에게 사랑받지 못한 형들은 동생을 살해하려고 시도한다.

이렇듯 아무리 한 핏줄로 이어진 형제들이라 해도 부모의 사랑을 독차지하느냐 아니냐에 따라 서로 간에 깊은 골이 만들어질 수 있다. 일부 자녀에게 충분한 애정을 주지 못하거나 부모 자신의 기준으로 편애와 차별을 할 경우, 의도적이지는 않아도 자녀들 사이를 이간질하는 꼴이 된다. 자녀들끼리 사이가 안 좋은 모습을 보고 한탄하는 부모들은 그 원인을 제공한 장본인이 자신들이었다는 것을 모른다.

한 가족 안에서도 자녀들의 재능과 성향은 다르다. 공부를 잘하는 아이와 못하는 아이가 있다. 재능이 특출한 아이와 별 재능이 없는 아이가 있다. 그러다 보니 부모에게 더 사랑받는 아이와 덜 사랑받는 아이가 존재할 수 있다. 마음은 그렇지 않더라도 부모의 기준에 맞게 행동하는 아이에게 칭찬을 더 많이 한다면, 그렇지 못한 아이는 사랑받지 못한다고 느낄 수 있다.

능력에 따라 부모의 사랑이 지나치게 차이 나면 형제간의 우월감과 열등감 때문에 질투심과 경쟁심이 심해져 형제 사이 갈등의 원인이 된다.

형제 관계는 부모 관계와 또 다른 역할을 한다. 아이는 부모와 최초의 애착관계를 형성하고 이를 통해 자존감과 사랑의 능력을 발전시키지만, 형제 관계는 사회생활에 필요한 복잡한 사회성을 키우는 데 주요한 역할을 한다. 아이들은 형제 관계를 통해 갈등, 경쟁, 질투, 우정, 동맹, 우월감, 열등감 등의 복합적 관계 패턴과 이에 따른 감정을 경험하고 익히게 된다.

경쟁할까? 동지가 될까?

왜 우리 집 형제자매는 화목하지 못할까? 돕고 의지하기는커녕 못 잡아먹어서 안달이 난 것처럼 서로에게 공격적이고 경쟁적일까? 형제자매 사이의 반목은 가족 안에서 언제나 긴장과 갈등의 요인이 된다. 그러면 당연히 가정에서 쉼과 위로를 얻을 수 있는 가능성은 사라진다.

《운을 읽는 변호사》의 저자 니시나카 쓰토무는 가족에게 가장 큰 불운을 가져오는 것으로 형제자매 사이의 상속 분쟁을 꼽았다. 형제간 분쟁의 결과 누군가는 법적으로 승소할 수 있지만, 결과적으로는 상처와 원한을 야기하고 가족 관계를 붕괴시키기 때문이다. 유산 상속 다툼 끝에 서로의 관계를 정리해 버리기도 하고 아예 인연을 끊고 살아가기도 한다. 부모로부터 핏줄을 나눈 사이지만 남보다도 못한 관계가 돼 버린다.

형제간에 주고받았던 상처에는 언제나 경쟁과 생존이라는 거대한 숲이 있다. 사실 이 관계 사이의 경쟁과 질투는 생존을 위한 몸부림이다. 부모가 자녀들에게 충분한 애정과 돌봄을 골고루 주지 않을 경우, 자녀들은 빈약한 애정이라도 차지하려고 서로 경쟁하고 싸우는 대상이 된다. 살기 위해서는 더 많은 애정을 차지해야 하기 때문이다.

부모가 자녀 한 명 한 명에게 충분한 애정을 주지 못하더라도 각 형제에게 주는 애정이 공평하다면 형제끼리는 자연스럽게 돕고 의지하게 된다. 그러나 부모의 애정이 한 자녀에게만 집중됐다고 여겨지거나 다른 형제들에 비해 자신만 부모의 애정을 받지 못한다고 느낄 경우, 억울한 마음과 피해 의식에 사로잡히고 만다. 가족 안에서도 늘 소외감과 외로움을 느끼며, 자기를 뺀 나머지 가족은 마치 '그들만의 리그'에 속한 사람들처럼 멀게 느껴진다. 다른 가족들의 행복한 모습을 볼 때마다 상처를 받고 자괴감에 빠진다.

이런 관계는 성인이 되어 더 이상 부모의 애정이 중요하지 않게 돼도 계속해서 이어진다. '나는 사랑받을 수 없는 존재'라는 생각에 자존감이 낮아지고 부정적인 자아상으로 고통받는다.

자녀 모두를 공평하게 사랑하는 건 부모로서 쉽지 않은 일이지만, 애정을 고루 받고 자란 자녀들은 상대방의 성공에 질투로 대처하기보다 서로를 돕고 의지한다는 사실을 기억해야 한다. 형제는 경쟁자일 수 있지만 동일한 환경에서 함께 살아온 동료이기도 하다. 위계질서 안에서 내 몫을 빼앗은 적이 있더라도 자신의 어려움을 이 세상에서 가장 잘 이해해 주는, 몇 안 되는 소중한 동지다.

그래서 아이들에게 '형제'라는 소중한 선물을 주기 위해서는 형제간의 반목을 단순히 개인의 욕심과 이기주의 때문만으로 봐서는 안 된다. 부모의 충분하지 않은 돌봄과 편향된 애정이라는 전체적인 환경을 돌아보고, 식물들도 양분과 햇빛이 충분하지 않은 환경에서는 생존을 위해 경쟁을 하듯이 형제자매 사이에서 그렇게 행동한 것일 수 있다고 전제해 봐야 한다. 그럴 때 실제 원인을 찾을 수 있다.

3

가장 혹독한 전쟁터, '인간관계'

▶ 정말 모든 사람이
당신을 미워할까요?

　　오랜 세월 동안 우울증과 조울증을 앓던 수민 씨(32세)는 최근에 자살 시도를 했다고 고백했다. 성인이 된 후 그녀는 한 직장을 오래 다니지 못하고 자주 이직하는 바람에 늘 긴장하며 적응하느라 진이 빠진다고 했다. 상담실에서 나와 마주 앉은 수민 씨는 울음 섞인 목소리로 말을 이었다.

"왜 사람들은 다 저를 싫어할까요? 이유도 알 수 없고, 정말 억울해서 더 이상 살고 싶지가 않아요."

삼남매 중 막내인 그녀는 맞벌이로 바쁜 부모의 관심은 많이 받지 못했지만, 손주들을 돌봐 준 할머니의 귀여움을 독차지하며 성장했다. 어렸을 때만 해도 수민 씨는 늘 활기차고 자신감이 넘치는 아이였다. 문제는 할머니가 돌아가신 뒤에 벌어졌다.

할머니는 삼남매 중에서 유독 큰언니를 미워했는데, 할머니의 죽음 이후 큰언니가 '대장'이 되었던 것이다. 할머니의 편애에 불만을 품어 왔던 큰언니는 그간의 분풀이를 하듯이 그녀를 괴롭혔다. 수시로 쏟아내는 욕설, 폭언과 함께 신체적 폭력도 가했다. 수민 씨는 성장기 내내 큰언니에게 두들겨 맞았고, 때론 얼굴에 멍이 든 채로 학교에 간 적도 있었다.

수민 씨는 그동안 다녔던 직장에서 퇴사한 이유를 정리해 보다가 공통점을 하나 발견했다. 그녀는 직장 내의 모든 사람과 관계의 어려움을 겪은 것은 아니었다. 남자 직원들과는 별문제가 없었고, 특히 또래나 동생뻘 동료들과는 사적인 시간을 가질 정도로 잘 지냈다. 그녀가 갈등을 겪은 상대는 주로 여자 선배나 여자 상사들이었다.

"참 이상해요. 그 사람들만 보면 저도 모르게 얼어붙어요."

그 나이대의 여자들이 유독 불편했던 수민 씨는 갈등을 유발하지 않기 위해 수동적이고 회피적인 태도를 취했다. 그러나 이러한 모습은 오히려 더 큰 오해를 불러일으켰다.

그녀는 자기가 모든 인간관계에서 어려움을 겪은 것이 아니라 큰언니 나이대의 사람들하고만 문제를 겪었다는 사실을 깨닫고 놀랐다. 그동안 "왜 그 사람들은 나를 미워할까?"만 생각했는데 알고 보니 어린 시절 큰언니에게 느꼈던 두려움, 분노, 억울함, 무기력이 현재의 자신 앞에 제2, 제3의 큰언니를 만들어냈던 것이다.

내 흠을 감추기 위한 남 탓

강연을 위해 호주 시드니에 있는 한 대학에 간 적이 있다. 일주일 일정 중에 하루는 쉬는 날이어서 관광용 시티투어 버스를 타고 오페라하우스, 하이드파크, 아쿠아리움, 하버브릿지 등 시드니 명소를 둘러봤다. 버스에서는 명소에 도착할 때마다 그 장소에 대한 자세한 설명이 나왔는데 그중 호주의 건국에 대한 에피소드가 꽤 흥미로웠다.

호주의 이민사는 약 200년 전 영국의 범죄자들을 강제노역을 위해 끌고 오면서 시작됐다. 대부분의 범죄자들은 경범죄를 저지른 사람들이었는데 일정 기간 노역을 하면 자유인이 되는 조건으로 왔지만, 실제로 자유인이 된 사람은 많지 않았다. 까다로운 규정을 통해 노역 기간이 계속 연장됐기 때문이다. 강제로 끌려온 이들 중에는 배가 너무 고파서 빵을 훔쳐 먹은 어린 소년도 포함되어 있었다. 현재 호주 인구의 약 20%는 이들의 후손이라고 한다.

당시 영국은 초강대국으로 엄격한 청교도적 윤리에 의해 지배되던 나라였다. 하지만 역설적으로 대영제국은 자국과 식민지의 노동자 계층에 비도덕적인 잣대를 들이댔다. 이유를 막론하고 범죄를 저지른 사람은 영국 사회로부터 영구적으로 격리해야 한다고 결정을 내린 것이다.

사실상 영국판 삼청교육대나 마찬가지였던 호주 강제 이민자들은 당시 대영제국이 한 '투사'의 희생물이라 할 수 있다. '똥 묻은 개가 겨 묻은 개 나무란다'는 우리나라의 속담처럼, 자기의 흠을 보지 못하고 남의 탓을 하는 심리적 현상이 바로 '투사'다.

'투사'라는 신기루

우리 삶의 대부분은 '관계'에서 비롯된다. 그렇기에 관계가 꼬여 버려 긴장과 갈등이 발생할 때면 일상생활이 마비될 정도로 고통스럽다. 돌아보면 우리가 겪는 수많은 고난은 대부분 이 '꼬인 관계'에서 온다. 거미줄처럼 얽히고 꼬인 복잡한 인간관계에서 강력한 영향력을 발휘하는 것은 '투사'다.

인간은 관계를 맺을 때 무의식적으로 투사의 신기루 속에서 상대를 본다. 안타깝지만, 우리의 두뇌는 인공지능처럼 작동되지 않기에 자기가 보는 것의 일부만을 인식하여 전체를 파악한다. 즉 눈앞의 상대방을 '있는 그대로' 보지 않고 '자신이 보고자 하는' 부분만을 본다는 얘기다. 관계 속에서 벌어지는 상호작용과 불협화음은 대부분 자기 자신의 감정, 기대, 선입견 등이 덧칠되면서 일어난다.

그래서 서로 갈등하는 두 사람 사이에는 각자가 파악하고 있는 객관적인 원인 외에 또 다른 내부적인 요소가 존재한다. 즉 유독 어떤 사람이 싫다면, 그 원인이 상대에게만 있는 것이 아니라 나의 내부에도 있다는 얘기다.

모든 인간관계에는 투사가 작용한다

프로이트는 자신의 책임을 받아들이지 않고 타인에게 책임을 전가하는 것을 투사의 방어기제라고 불렀다.

그는 한 쌍의 부부가 잠자리에 들 때 그 침실에는 사실 여섯 명이 있는 것이라고 주장했다. 부부가 다투는 것은 둘 사이의 문제 때문만이 아니다. 부부는 각자 부모의 소망뿐 아니라 그 이전 세대의 정서적인 짐까지 끌고 온다. 이전 세대의 삶에 대한 두려움, 상실감, 실패의 공포, 자기회의와 우울감 등 고통스러운 미해결의 문제들이 부부를 괴롭힌다.

치열하게 다투는 두 사람은 서로 자신의 감정과 생각이 더 옳다고 상대에게 납득시키고 싶어 한다. 그러나 이 다툼에는 객관적인 내용이 아닌 무의식적인 내용이 더 크게 작용한다. 즉 우리가 관계 안에서 흔하게 하는 실수는 투사의 신기루 속에서 상대를 볼 때 발생하고, 이것은 우리의 무의식이 관계 안으로 침범한다는 것을 의미한다.

투사는 무의식적으로 일어난다. 카를 융은 한 사람의 내부에서 일어나는 일들이 무의식의 영역에서 의식의 영역으로 전환되지 않을 때, 투사의 형태로 그 모습을 드러낸다고 했다.

다시 말하면, 모든 무의식적인 것은 억압되거나 투사된다. 이것이 투사의 핵심으로, 일부러 하는 것이 아니라 자연적으로 이루어지는 것이다. 인간의 가장 대표적인 심리적 현상인 투사는 인간 행동 어디서나 볼 수 있으며, 피할 수도 없다.

이 세상의 모든 관계는 투사에서 시작되고, 특히 친밀한 관계 안에서 더욱더 쉽게 일어난다. 밀접한 관계에서는 상대를 향한 기대가 커지게 되고, 무언가를 기대하게 되면 상대방을 바라보는 시선과 행동양식이 달라지기 때문이다. 그러면 실망도 과도하게 느끼게 되고, 둘 사이의 갈등은 뒤엉킨 실타래처럼 풀기 어려운 숙제가 되어 버린다.

이 투사가 가장 강렬하게 나타나는 것은 남녀관계다. 남녀가 맨 처음 만나 상대방에게 끌리는 이유는 대부분 자신이 무의식 속에 품고 있는 부모의 이미지 때문이다. 그 무의식적인 이미지가 상대방에게 투사되고, 그 투사를 받아들이고 견딜 수 있는 사람을 발견하면 결혼에 이른다. 그러나 상당수의 사람들은 자신의 무의식 깊은 곳에 숨어 있는 부모의 이미지가 이런 작용을 한다는 것을 모른다. 그것은 의식의 능력이 생기기도 전에 프로그래밍이 되어 버렸기 때문이다.

투사를 알아차릴 때 성장이 시작된다

관계에서 고통을 만드는 투사를 거두어 내는 방법에는 어떤 것이 있을까? 그 출발은 바로 '알아차리는 것'이다. "나는 지금 투사를 하고 있어"라고 자각하는 순간, 이미 그 사람은 투사를 거둬들이는 과정에 놓이게 된다. 무의식적으로 발생하는 투사를 제어할 수 있는 길은 여기에서 열린다.

수민 씨는 자기가 무의식적으로 '투사'했다는 사실을 알게 되면서 자신에게 일어났던 일련의 사건들을 이해하게 됐다. 처음 상담실에 왔을 때 '사람들이 다 나를 싫어한다'고 생각하던 그녀는 어린 시절 언니로부터 학대받았던 내면아이를 마주하면서 자신이 무엇 때문에 힘들었는지를 깨달았다.

언니에게 흠씬 두들겨 맞고, 멍을 어루만지며 학교로 걸어가던 어린 수민이에게 손을 내밀자 마음속에 가득 차 있던 분노와 억울함은 차츰 사라졌다. 수민 씨는 '모든 사람이 나를 미워한 게 아니다'라는 사실을 알게 되어 안심이라고 했다.

언니뻘 되는 여성들이 자신을 실제로 싫어했던 것이 아니라, '제2의 언니가 나를 싫어할까 봐' 그녀의 무의식이 그들을 두려워하며 피했고, 이러한 태도가 부메랑이 되어 그녀에게 돌아온 것뿐이었다.

물론 알아차림만으로 완벽하게 투사에서 벗어날 수 있는 것은 아니다. 하지만 다음에 또다시 비슷한 행동을 하게 될 때, 그 순간 자기의 생각과 행동이 투사라는 것을 스스로에게 알려주는 것만으로도 괴로움은 상당히 줄어든다. 이러한 과정을 반복함으로써 우리는 그토록 선망하던 '건강한 관계'를 맺을 수 있다.

4

인간관계에
숨어 있는 함정

▶　　　엄마를 떠나지 못하는 진짜 마음

　　선정 씨(35세)는 최근 들어 엄마와의 관계에
문제가 생겨 상담실을 찾았다.

　　"평소에는 엄마랑 잘 지내요. 진짜 이런 딸 있었으면 좋겠다
고 남들이 부러워할 정도로요. 그런데 요즘 들어 엄마한테 막말
을 하면서 소리를 지르는 저를 자주 발견해요. 제가 왜 그러는

지를 모르겠어요."

그녀의 부모는 학창 시절부터 최근까지 별거와 재결합을 반복하다가 얼마 전 이혼을 했다. 오빠는 이미 결혼해서 분가했고 미혼인 선정 씨가 엄마와 단둘이 살고 있었다. 그런데 평소에는 너무나 다정하고 살갑게 지내다가도 한 번씩 엄마에게 폭언을 퍼붓고 고함을 지르게 된다고 했다.

선정 씨는 탄탄한 전문직 종사자인 데다 여성스러운 외모를 가진 덕에 남성들에게 인기가 많은 편이었다. 하지만 결혼을 생각해 본 적은 없다면서 이렇게 이야기했다.

"제가 없으면 엄마는 혼자 외롭게 살 텐데 어떻게 떠나요? 제가 가 버리면 엄마는 불행하고 외로울 거예요. 그러니까 저는 늘 엄마만 바라봐야 해요. 엄마를 평생 떠날 수 없어요."

재능과 매력을 지닌 선정 씨가 자기 인생을 살지 못하고 엄마와 애증의 관계로 얽혀 벗어나지 못하는 이유가 여기에 있었다.

선정 씨는 어린 시절부터 사고 한번 안 치고, 성적도 우수한 모범생으로 엄마의 자랑이었다. 늘 부부 문제로 고통받던 엄마에게 위로가 돼 준 건 그녀뿐이었다. 불행한 엄마를 위로하려면 언제나 엄마만 쳐다보고 있어야 했기에 그녀는 어릴 때부터 엄마의 안색을 살피고 감정을 확인하면서 살아왔다.

세월이 흘러 어린 선정 씨는 성인이 됐지만, 그녀의 고개는 여전히 엄마에게 고정되어 있었다. 마치 한 방향만을 영원히 봐야 하는 허수아비처럼. 그러다 치밀어 오르는 분노와 억울함을 참지 못할 지경에 이르면 엄마에게 소리를 질러댔다. 그것이 자신의 '진짜 감정'이었다.

그녀의 마음 깊은 곳에는 엄마에게서 떠나고 싶은 욕망이 존재했다. 독립하고 싶었고, 오빠처럼 결혼해서 자기만의 가정을 꾸리고 싶었다. '엄마를 위한 거야'라며 다정하게 구는 겉모습과 '엄마 때문이야!'를 외치는 속마음 사이의 괴리감으로 선정 씨에게는 저도 모르는 새 불만이 쌓였던 것이다.

문제는 그동안 엄마의 욕구만 채워 주려고 노력했기에 정작 자신의 인생을 살아야 할 때가 왔는데도 자기가 누구인지, 무엇을 원하는지 알지 못한다는 데 있었다. 선정 씨를 이토록 고통스럽게 하고 있는 건 '어머니 콤플렉스'였다.

그를 사랑하지만 그의 삶을 사랑하지 않는다

대학생 정우(21세)는 이유를 알 수 없는 무기력과 우울, 자신감 부족 때문에 괴로워하다 상담실을 찾았다. 그는 하루하루를 겨우 살아 내는 기분이라고 했다. 상담실을 찾은 정우가 50분 동안 풀어놓은 이야기의 주제는 대부분 아버지에 대한 것이었다. 자신이 어떤 고통을 받고 있는지 말하기보다 아버지에 관해 말할 때 더 적극적이었다.

정우의 아버지는 명문대 대학원까지 나왔지만 그동안 뚜렷한 직업 없이 소소한 유흥과 취미를 즐기며 살아왔다. 그를 대신해 가장 역할을 한 건 어머니였다. 그런 부모의 모습을 보며 자란 정우는 언제나 고생하는 어머니에 대한 미안함과 더불어 재능과 능력이 있음에도 그것을 전혀 발휘하지 않고 무위도식하는 아버지에 대해 분노를 느꼈다.

"저는 아버지처럼은 절대 안 살 겁니다. 그렇게 살기 싫어요. 그런데 아버지처럼 살게 될까 봐 두렵기도 해요."

사실 정우는 아버지를 마음 깊이 사랑하고 있었다. 어릴 때부터 아버지는 직장을 다니지 않는 대신 자연스럽게 아들과 많은 시간을 보내며 놀아 주던 분이었다. 정우는 아버지와 함께 있는 것을 좋아했지만 그분이 살아온 삶을 좋아할 수는 없었다.

그는 아버지에 대한 사랑과 분노라는 상반된 두 감정 사이에서 혼란스러워했다. 그가 보인 무기력과 우울은 아버지에 대한 애증의 감정을 억압할 때 나타난 것이었다. 정우를 괴롭히고 있는 것은 바로 '아버지 콤플렉스'였다.

콤플렉스 : 마음의 응어리

잘 지내던 관계를 일순간 악화시키고 스스로를 고립시키는 숨겨진 함정 같은 것이 존재한다. 관계가 힘들거나 나쁘지 않았음에도 불구하고 이 함정에 빠지는 순간 통제 불능이 되어 버린다. 개인의 성격이나 기질, 평상시의 행동양식과는 상관없이 일단 이 함정에 빠지게 되면 자기도 이해할 수 없는 말이나 행동을 하게 된다.

그리고 다시 비슷한 상황에 처했을 때 자동반사적으로 그 행동을 반복한다. 이때 본인도 당황하게 되지만 이를 지켜보는 상대방은 더욱 그 사람을 이해하기 어려워한다.

예를 들어 평상시에는 명랑하고 예의 바른 A씨의 경우 무시당했다고 여기는 순간 이성을 잃어버릴 정도로 흥분하며 화를 낸다. B씨는 평소 합리적이고 상대를 배려할 줄 아는 사람이란 소리를 듣지만, 돈과 관련된 문제에는 비상식적으로 집착한다.

이런 현상은 '콤플렉스' 때문에 일어난다. 앞서 말한 두 사람은 각각 무시의 콤플렉스, 돈의 콤플렉스를 갖고 있는 사람들이다.

우리가 일상생활에서도 자주 사용하는 콤플렉스는 마음의 응어리를 뜻하는 심리학 용어로 상처 입은 내면아이의 또 다른 명칭이기도 하다. 오스트리아 출신의 정신과의사이자 개인심리학의 창시자인 알프레드 아들러는 이것을 '열등감'으로 해석했지만, 요즘에는 열등감만이 아닌 다양한 종류의 마음의 응어리로 본다.

내 부모처럼 살지 않을 거야

모든 인간에게는 콤플렉스가 있다. 콤플렉스 영역이 시작되는 곳에서는 자신의 의지대로 움직일 수 없게 되고 과민반응을 하게 된다. 대표적인 콤플렉스에는 앞서 말한 어머니 콤플렉스와 아버지 콤플렉스가 있는데 이는 어머니나 아버지에게 정서적으로. 정신적으로 매여 있는 상태를 말한다.

카를 융은 아버지의 콤플렉스는 아들에게 전달되고 어머니의 콤플렉스는 딸에게 전달된다고 주장했다. 그중 부모의 콤플렉스가 가장 많이 전달되는 관계는 어머니와 딸의 관계로, 융은 '아버지처럼 살지 않을 거야' 또는 '어머니처럼 살지 않을 거야' 하고 말하는 것은 아버지, 어머니 콤플렉스를 가지고 있음을 드러내는 것이라고 했다.

바로 이 콤플렉스에 사로잡히게 되면 어머니, 아버지와의 정서적 분리와 독립이 어려워져 성인이 됐는데도 어머니와 아버지를 떠나는 것을 죄악으로 여긴다. 서로 분리를 간절히 원하면서도 정작 떠나지 못해 둘의 관계는 애증으로 뒤얽힌다.

어머니 콤플렉스에 사로잡힌 아들의 경우 어머니에게 가졌던 기대와 감정을 배우자에게 전이하고 결혼 후에도 어머니와의 관계를 지속한다. 아버지 콤플렉스에 사로잡힌 딸의 경우도 마찬가지다.

심리학자 로버트 존슨Robert A. Johnson은 어머니 콤플렉스가 어머니의 자궁 속으로 돌아가려는 무의식적 욕구를 불러일으켜 자녀로 하여금 자신의 힘을 포기한 채 뒤로 물러서게 하고, 무언가 성취를 이루려는 욕구를 포기하게 만든다고 했다.

그래서 어머니, 아버지 콤플렉스에 강하게 사로잡힌 사람은 결혼생활이나 사회생활에서 반복적으로 갈등을 겪고, 자신의 능력과 재능을 충분히 펼치지 못하며, 생활의 모든 면에서 뒤처지고 무기력을 느낀다.

가장 안타깝고
가장 미운 사람은 누구입니까

사람들은 결혼생활이 망가지거나 직장 생활이 잘 풀리지 않거나 대인관계가 꼬여 갈 때 상대방 혹은 환경을 탓한다. 그러나 진짜 적은 자신의 내면에 있다. 그렇다면 어떻게 해야 우리는 이 적을 만날 수 있을까?

- 당신은 누구를 가장 옹호하는가?

- 누구를 가장 싫어하는가?

- 가장 안타까운 마음이 드는 사람은 누구인가?

- 평소에 누구를 가장 공격하게 되는가?

- 누가 가장 원망스러운가?

- 당신에게 가장 두려운 최악의 상황은 무엇인가?

위의 질문에 대답해 보자. 누가 떠오르는가? 어떤 상황이 떠오르는가? 이 질문들에 대해 답을 하는 과정은 내 안에 있는 콤플렉스를 활성화해서 그 정체를 드러내 준다. 위 질문들은 '당신은 누구에 대한 콤플렉스를 가지고 있는가?'와도 같다.

누군가에 대해 마음의 응어리를 갖는다는 것은 마음 깊은 곳에 상처 입은 내면아이를 갖게 된다는 것을 의미한다.

어떤 문제든 회복의 첫걸음은 그것을 인정하는 것에 있다. 잘 풀리지 않는 자신의 불행 속에서 주변을 원망하고 신세한

탄으로 자기비애감에 빠지는 것은 상황을 더욱더 나쁘게 만들 뿐이다.

문제의 실체를 정확하게 표현하고 거기에 이름을 붙일 수 있다면 꼬여 가는 이유가 무엇인지 설명할 수 있게 된다. 이것이 가능하다면 회복의 과정에 절반쯤 도달한 것이나 다름없다.

5

당신이 누군가의 행동에
'욱'하는 이유

▶ 깊이 각인된 수치심

　　직장인 현경 씨(28세)는 회사에서 정기적으로 하는 발표가 너무나 싫고, 공포스러웠다. 팀원들 앞에 서기 전부터 그녀의 얼굴은 이미 벌겋게 달아올랐다. 발표가 시작되면 그녀는 귀와 목까지 빨개진 채 땀을 흘리며 떨리는 목소리로 떠듬떠듬 말을 이었고, 그 모습은 다른 동료들이 보기에도 애처로울 지경이었다. 현경 씨는 발표 공포증을 치료하기 위해 상담실을 찾아왔다고 했다.

그러나 상담을 진행하면서 그녀의 신체화 증상은 단순한 공포증이 아님을 알게 됐다. 현경 씨는 어린 시절 주택에서 살았는데, 골목에서 꽤 외진 곳이었다고 한다. 그래서 가족들은 외부인을 신경 쓰지 않고 옷을 편하게 입었고, 특히 여름이면 거의 속옷 바람으로 생활했다. 그런데 어느 여름날, 갑자기 방문한 낯선 손님이 기척도 없이 대문을 열고 마당으로 들어왔다. 간단한 속옷만 입은 채 마당에서 놀고 있던 어린 현경 씨는 그 순간 소스라치게 놀라 집 안으로 도망쳤다.

그날 이후 그녀는 누군가가 자신을 빤히 쳐다보는 자리에 서면 공포감을 느꼈고 곧 홍조가 올라왔다. 특히 발표의 경우 모든 사람이 자신을 향해 시선을 고정하고 있으니 더욱더 심했다.

현경 씨는 상담을 통해 그 여름날 낯선 손님과 마주친 순간에 느꼈던 수치심을 직면하고 그때의 감정을 끄집어냈다. 자신이 사람들 앞에 서는 것을 두려워했던 건 집 안으로 도망쳤던 어린 현경의 감정이 올라왔기 때문이었다. 자기 안에 내면아이가 있음을 그녀는 알게 됐다.

어린 현경이 받은 상처와 현재의 문제가 어떻게 연결되는지 알게 되자 놀라운 일이 벌어졌다. 다음 상담 때 밝은 얼굴로 찾아온 현경 씨는 얼마 전 직장에서 발표를 했지만, 얼굴이 붉어지지 않았고 목소리도 평소와 같았다면서 감격에 차 말했다. 이후로 그 신체화 증상은 더 이상 나타나지 않았다.

내 아이의 행동에
이상하게 화가 날 때

수영 씨(36세)는 사랑스럽기만 한 일곱 살 아들과 관계의 어려움 겪게 됐다면서 조심스럽게 말했다.

"아이가 다른 친구들에게 양보하는 모습을 보면 저도 모르게 욱하게 돼요."

그녀는 아들이 친구들에게 자기주장을 못 하거나 상대의 요구에 뒤로 물러나는 모습을 보이면 화가 치밀어 올랐다. 그래서 아이가 그런 모습을 보일 때면 야단도 치고 적극적으로 주장 좀 하라고 다그쳤지만, 그럴수록 아이는 위축되어 엄마의 눈치까지 봤다. 이런 아들의 모습에 수영 씨는 더 마음이 상했다.

자녀가 가진 성격의 한 부분이나 어떤 특정한 행동을 발견했을 때 괜히 속상해지거나 화가 난다면, 이것은 십중팔구 자녀의 문제가 아니라 부모 내면에서 오는 문제다.

사실 수영 씨는 어린 시절 내내 오빠에게 많은 것을 양보하면서 컸다. 오빠가 부모의 높은 관심과 기대를 받았기에 수영 씨는 건강한 경쟁보다는 무조건적인 양보를 강요받았다. 시간이 흐르자 수영 씨는 조금이라도 오빠와 대치하는 상황이 발생하면 자동반사적으로 물러났고, 그럴 때마다 답답함과 억울함이 밀려왔다.

결혼한 뒤에는 더 이상 오빠에게 양보할 일이 없었지만, 수영 씨는 어린 시절 가장 견디기 힘들었던 부분을 아들을 통해 직면했다. 아들의 소극적인 모습에서 오빠를 위해 희생만 해야 했던 어린 자신을 발견했기에 그동안 마음이 불편했던 것이다. 아들의 모습은 과거 자신이 받았던 깊은 상처를 떠올리게 하는 '트리거Trigger'였다. 그 상처에는 한쪽에만 애정을 쏟는 부모님, 양보해야만 했던 어린 자신, 이것을 당연시하며 '모든 것'을 독차지하던 오빠가 있었다.

수영 씨는 왜 자신의 어머니가 오빠에게만 사랑을 주었는지에 대해서도 되짚어갔다. 그녀의 외할머니는 딸만 넷을 낳고 아들을 낳지 못했다는 이유로 구박을 받았다. 그러한 외할머니의 모습을 지켜보며 성장한 어머니 또한 어려서부터 자신이 아들이 아닌 딸이라는 자책감을 가진 채 자랐고, 마침내 아들을 낳자 오로지 그에게만 집중하며 사랑을 쏟았던 것이다.

어머니가 오빠를 편애한 과정을 이해하게 되고 자신의 내면 아이를 만나게 되면서, 수영 씨는 그 아이가 가졌던 억울함과 분노, 죄책감과 수치심을 대면하게 됐다. 자신의 분노가 사실은 아들을 향한 것이 아니라 언제나 기죽어 있던 어린 수영을 향한 것이었음을 인지하자, 수영 씨가 갖고 있던 아들에 대한 불편함은 차츰 누그러졌다.

개인의 상처는 곧 가족사의 상처다

독일 작가 헤르만 헤세의 자전적 소설《황야의 늑대》에서 그는 다음과 같이 이야기한다.

"실제로는 그 어떤 나도, 심지어 가장 단순한 나조차도 하나의 통일된 존재가 아니다. 나는 지극히 다채로운 세계이며 하나의 작은 우주다. 수많은 형식과 단계와 상태들, 물려받은 유산과 가능성이 혼란스럽게 뒤섞인 카오스다."

우리의 자아는 혼자 걸어온 인생의 길에서 얻은 결과물로만 이루어진 것이 아니다. 자아는 수많은 사람의 경험과 자의식, 생물학적 유산과 사회적 유산의 결과물이다. 인간은 모두 누군가의 아들이거나 딸이고, 우리가 속한 가족사의 일부이지 않은가.

조상과 부모를 연결하는 가족사에는 긍정적인 부분도 있지만 쓰라리고 아픈 상처들도 있다. 가족으로부터 받은 상처와 아픔, 그것들을 다루어 왔던 방식들이 현재 우리의 자아를 형성한다. 가족 안에서 발생한 모든 사건은 자아를 형성하는 데 강력한 영향을 미친다.

예를 들어 당신의 삼촌이 자살이라는 선택을 했다고 가정해보자. 그런 일은 모든 가족을 죄책감, 수치심, 분노, 슬픔과 같은 부정적인 감정에 빠져들게 한다. 조부모는 자신이 낳은 자녀가 스스로 목숨을 끊은 사실을 받아들이는 과정에서 깊은 상처를 얻고 남은 생을 자책감, 절망감 속에서 살아간다.

삼촌의 가족인 숙모와 사촌들은 가장을 잃어버린 커다란 슬픔, 죄의식 등에 빠지게 되고 그 모습을 지켜보는 친지들, 즉 당신의 부모 또한 죄책감과 수치심으로 고통받는다. 부모가 계속해서 느끼는 죄책감과 수치심은 우울증을 비롯한 다양한 심리적 문제의 원인이 되고 자녀인 당신 또한 정서적으로 힘들어하는 부모를 가까이에서 접하며 성장하게 된다.

이렇게 전 가족 안에는 언제나 자살에 대한 두려움과 공포가 존재하며, 또다시 불행이 발생할 수 있다는 불안감을 가족 구성원 모두가 공유하게 된다.

상처는 우리에게 깊은 고통과 아픔을 주지만 정작 본인은 그것의 실체도 뿌리도 알지 못한다. 어린 시절에 생긴 상처는 성인이 됐다고 해도 성인의 시각으로 볼 수 없다. 여전히 그 상처를 입을 당시의 시각으로밖에 보지 못한다. 이는 전체가 아닌 부분만을 보게 된다는 뜻이다.

그래서 어린 시절의 상처는 단순히 가해자-피해자의 도식으로 성립되지 않으며, 생각보다 훨씬 더 복잡한 원인과 결과를 담고 있는 경우가 많다.

▶ 트리거 지점을 찾아라

현재의 고통스러운 증상들은 어린 시절 상처 입은 그 아이가 건드려질 때 발생한다. '트리거'는 내면아이가 만들어질 당시에 입었던 상처를 덧나게 하는 기폭제를 의미하는데, 그것이 무엇인지를 알면 내면아이가 어떻게 만들어졌는지 그 단서 또한 얻을 수 있다.

상처를 경험한 사람은 그 상처를 촉발시키는 트리거를 본능적으로 피하려고 한다. 앞선 사례 속에서 발표 불안을 갖고 있던 현경 씨의 몸은 자신이 직면한 '수치스러운 상황' 즉 트리거를 피하기 위해 '얼굴이 빨개지는 증상'이 필요했던 것이다.

자신이 도저히 할 수 없는 특정한 행동, 대응할 수 없는 상황, 맞닥뜨리기 싫은 인물의 공통점이 무엇인지 탐색해 보자. 신체적 증상이 일어나는 순간이 언제인지, 어떤 상황에서인지, 누구 앞에서인지 상세하고 정확한 리스트를 작성하는 것도 좋은 방법이다. 트리거의 힌트를 빨리 발견할수록 내면아이 또한 빠르게 발견할 수 있다. 그리고 그 존재를 알아차릴 때, 자신의 인생을 망치고 있다고 느꼈던 꽤 많은 증상이 서서히 사라지는 경험을 할 수 있다.

6

과거가
현재를 습격해 올 때

▶ 당신이 보는 것은 누구일까?

워킹맘인 유진 씨(34세)는 출근 전 딸을 어린 이집에 맡기고 뒤돌아 나올 때마다 커다란 상실감과 죄책감에 휩싸인다고 했다.

"제가 너무 이기적인 엄마 같아서 아이에게 미안해요. 아이가 잘 지내는지 신경 쓰여서 일에도 집중을 못 하고요. 불안한 마음에 하루에도 몇 번씩 어린이집에 전화를 하는데 정작 아이는 잘 지낸대요. 맞벌이하는 다른 엄마들 얘기를 들어 보면, 아이를 어린이집에 보낸 뒤에 해방감을 느끼기도 한다는데 저는 왜 이렇게 힘든 걸까요?"

첫 번째 상담에서 그녀는 자신이 초등학교 4학년이었을 때 일어난 어떤 사건에 대해 이야기했다. 평소 지병으로 고생하던 유진 씨의 엄마가 수술을 받기 위해 병원에 입원하는 날이었다.

이미 여러 번 겪은 일인데도 그날 유진 씨는 엄마가 병원에 가는 게 너무나 끔찍하게 느껴져 가지 말라고 울면서 떼를 쓰고 발버둥을 쳤다. 엄마는 울고불고하는 유진 씨를 겨우 떼놓고 병원으로 향했다. 그러나 수술은 성공하지 못했고, 엄마는 병원에서 세상을 떠났다. 집에 자신을 내버려 두고 떠나는 뒷모습이 유진 씨가 기억하는 엄마의 마지막 모습이었다.

그 후 유진 씨는 주위 사람들이 엄마의 부재를 알아차리지 못할 만큼 잘 자랐다. 스스로도 당시의 일을 잘 극복했다고 여기며 괜찮은 직장에 취직도 했고, 결혼하여 엄마가 됐다. 하루하루 참 대견하게 살아왔다.

그러나 아이를 어린이집에 맡기고 출근할 때 아이가 자신에게 가지 말라고 말하는 순간, 오랜 세월 봉인되어 있던 상처 입은 내면아이가 눈을 떴다. 막상 아이는 엄마와 헤어지는 순간에만 잠시 떼를 썼을 뿐, 어린이집에서는 금세 친구들과 어울리며 잘 지냈는데도 유진 씨는 고통스러운 감정을 추스르지 못했다. 어린이집 앞에서부터 울면서 지하철역으로 향했고, 출근하는 내내 눈물이 쏟아졌다. 울음을 참으려고 애를 쓰면 극심한 두통까지 몰려왔다.

유진 씨는 자기가 왜 이렇게까지 힘들어하는지 이해가 되지 않았다. 정작 아이는 어린이집에서 잘 먹고 잘 놀며 적응하고 있는데 이 정도로 힘들어할 이유가 없지 않은가. 유진 씨를 혼란스럽게 했던 것은 딸아이가 아니라 어린 시절에 겪은 자신의 상처였다.

상처 입은 내면아이를 간직한 사람은 과거의 시간과 현재의 시간이 뒤섞이는 일을 자주 경험한다. 어떤 사건을 계기로 그 두 개의 시간이 한 공간에서 만나게 되면, 과거의 해소되지 못한 감정들이 갑자기 쏟아져 나오고, 그 순간 당사자는 혼란스러워진다. 엄마를 잃어버리고 힘들었지만 잘 살아온 유진 씨에게 과거와 현재의 시간을 뒤섞이게 만든 곳은 아이와 헤어져야 했던 어린이집 현관이었다. 그곳에서 유진 씨는 의식의 차원으로는 엄마와 떨어지지 않으려는 딸아이를 보았지만, 무의식의 차원으로는 엄마와 떨어지지 않으려던 초등학교 4학년짜리 어린 자신을 보고 있었다.

현재에 초점을 맞춰라

심리학은 우리가 보고 느끼는 내용이 모두 '진실'이 아닐 수 있다는 전제에서 출발한다. 동일한 상황이라도 바라보는 시각과 받아들이는 비중에 따라 전혀 다르게 보인다. 상처 입은 내면아이를 통해 세상을 바라보는 사람의 시선은 더욱 복잡하고 혼란스러울 수 있다.

어린 시절 상처로 얻은 불안, 두려움, 무기력, 소외감, 위축감 등의 감정들이 현재로 밀고 들어오면 과거와 현재가 혼란스럽게 뒤섞인다. 그 결과 학교나 회사에서 사람들을 대할 때 필요 이상으로 주눅이 들거나 혹은 반항적이고 거칠게 행동하여 스스로 갈등을 자초하게 된다.

이러한 문제들은 대부분 유년기 가정이나 학교 안에서 겪은 애착과 권위의 문제와 관련 있다. 부모가 지나치게 딱딱하고 엄격한 방식으로 자녀를 양육하여 따뜻한 애착관계를 형성하지 못했다면, 그 자녀는 성인이 되어서 자기 부모에게 느꼈던 감정을 다른 사람들에게도 느끼게 된다. 늘 차가운 부모에게 느꼈던 감정을 타인을 통해 다시 경험하게 되면 부모에 대한 분노와 원망을 그들에게 돌려주려고 한다.

이처럼 우리가 당연하게 느끼는 감정의 상당수는 현재만이 아닌 과거의 상처와 연결되어 있다. 이 때문에 지금 우리가 느끼는 감정은 스스로를 속이는 것일 수 있다. 눈에 보이는 현실이 실제가 아니고, 우리 자신에 의해 기만당하는 것일 수 있다.

과거는 한때 현재였지만 지금은 사라져서 다시는 돌아올 수 없는 순간이다. 미래는 현재가 되기 위해 기다리고 있는 순간이며, 닥치기 전까지는 정체를 알 수 없다. 그러나 상담실을 찾아오는 많은 사람이 현재에 머물지 못하고 불행했던 과거에 집착하거나 알 수 없는 미래만을 염려하느라 불안감과 우울증에 시달린다.

프로이트는 현재를 과거의 반복으로 여기고 불안해하는 사람들에게 필요한 처방은 '지금, 여기에서'라고 말했다. 불행했던 어린 시절을 보낸 사람들은 과거를 통해 현재와 미래를 바라보려고 한다. 과거의 불행했던 시간을 반복하고 싶지 않은 열망 속에서 저도 모르게 현재에 충실하지 못하게 되고, 그러느라 또다시 과거의 불행을 되풀이하고 만다. 현재를 무시하고 오직 과거의 시간 속에서 사느라 일상의 소소함이 주는 기쁨과 행복을 잃어버리는 것이다.

삶이 정상적인 흐름으로 이어지기 위해서는 현재에 초점을 맞춰야 한다. 자신이 중심이 되고 충실한 경험을 하도록 스스로를 이끌며 현재를 살아야 한다.

반대로 과거에 머무르려고 하는 것은 현재에 충실하는 것을 피하려는 행위일 수 있다. 그래서 내면아이 치료는 우리에게 과거에 얽매이지 말고 '카르페 디엠carpe diem' 즉 현재를 살라고 제안한다.

▸ 말을 걸고, 귀 기울여라

유진 씨가 과거에서 오는 고통에서 벗어나기 위해서는 과거와 현재의 헝클어진 시간을 바로잡아야 했다. 그 출발점은 두 시간의 존재를 분리해서 인식하는 것이었다.

그녀는 딸아이를 들여보내는 어린이집 현관과 어린 시절 자신이 자란 집의 현관부터 분리시켰다. 그러자 가지 말라고 외치는 딸아이 뒤에 서 있던, 엄마와 헤어지기 싫어서 울부짖는 어린 유진이가 보였다. 그 아이는 너무나 일찍 엄마를 잃어버렸지만, 깊이 베인 상실의 상처를 그대로 둔 채 아무렇지 않은 척 웃고 있었다.

마침내 자신의 내면아이를 만난 그녀에게 나는 말을 걸어 보라고 제안했다. 유진 씨는 떨리는 목소리로 다음과 같은 이야기를 스스로에게 건넸다.

"유진아, 많이 힘들었지?

너무 외로운데 아무에게도 말을 할 수 없었구나.

엄마가 너무 보고 싶은데 엄마는 없었지?

엄마가 떠난 것이 마치 네 탓인 양 스스로를

원망했지?"

내면아이에게 말을 건네자 오랜 시간 마음속에 웅크리고 있던, 상처받은 어린 유진이가 울먹이기 시작했다. 유진 씨는 계속해서 말을 이었다.

"나 정말 힘들었어. 나는 혼자였어.

엄마가 나를 떠난 것이

내가 착하지 않아서,

내가 떼를 쓰고 매달리는 바람에

그런 것 같아서 너무 괴로웠어."

이제 막 초등학교 4학년이 된 어린 유진이, 엄마 없이 자란 게 티도 나지 않을 만큼 대견하게 견뎌 냈던 유진이가 드디어 자신의 이야기를 시작했다.

유진 씨의 사례처럼 과거 상처받은 내면아이의 감정과 그 아이가 겪었던 어려움을 인정해 주는 것만으로도 대개 치료는 충분하다. 물론 내면아이와 대화 한번 했다고 해서 그 아이의 상처가 사라지는 것도 아니고, 현재의 괴로움이 해소되는 것도 아니다. 여전히 그 아이는 반복해서 등장할 것이다.

하지만 내면아이를 인정한 이후는 이전과 전혀 다르다. 과거처럼 내면아이가 가져오는 감정을 주변에 투사하거나 자신을 향하게 하여 스스로를 괴롭히는 것이 아니라 그 아이와 대화를 시도하고, 목소리를 들을 수 있다. 이렇게 한 걸음씩 다가가며 아픔을 어루만지면 변화는 서서히 그러나 확실하게 찾아온다.

현재의 관계와 접촉하기

상담을 통해 유진 씨는 딸아이의 어린이집 현관에서 느꼈던 혼란스러운 감정들이 과거에서 올라온 것이라는 사실을 인지하게 됐다. 과거의 상처 입은 내면아이에게 대화를 시도하면서 아이의 고통과 아픔에 공감하고, 당시 아무것도 할 수 없는, 어쩔 수 없는 입장이었음을 존중해 줬다.

내면아이와 대화를 하고 나서는 가까운 친구나 배우자와 함께 자신의 경험에 대해 이야기를 나눌 필요가 있다. 이를 통해 실제적인 이해와 존중을 받는 기회를 얻게 되고, 그 과정에서 내면의 정리도 이루어진다. 유진 씨는 남편에게 자기 안의 감정들을 털어놓았고, 그럼으로써 어린 유진이가 실제 겪었던 일을 복기할 수 있었으며, 부부 사이에도 진실한 감정을 주고받는 기회를 얻게 됐다.

만일 이것이 어렵다면 자신에게 편지를 쓰는 것도 좋은 방법이다. 이때 편지는 두 통을 준비한다. 하나는 어린 시절의 내면아이에게 보내는 편지고, 하나는 어린 시절의 내면아이가 현재의 나에게 보내는 편지다. 이 편지들을 신뢰할 수 있는 사람에게 읽어 준다면 치료의 바람직한 마지막 단계가 된다. 유진 씨는 스스로에게 보내는 편지를 작성해서 본인, 남편, 그리고 상담자인 나에게 읽어 줬다.

그날 이후 유진 씨는 드디어 현재의 시간에 사는 기분이라고 말했다. 가끔 과거의 감정들이 밀고 올라오지만, 이제는 그 고통스러운 감정에 함몰되지 않고 그 감정들이 지나가게 내버려 둘 수 있게 됐다고 한결 후련해진 얼굴로 말했다.

7

상처를
섬기며 사는 사람들

▶　　　　무시당하지 않기 위한 안간힘

　　회사원인 현우 씨(30세)는 주변 사람들로부터 예민하고 까칠해서 상대하기 어렵다는 평을 듣는 사람이었다. 그는 업무적인 관계나 사적인 관계에서도 예의와 도리, 원칙 등을 강하게 주장했고 조금이라도 틀에서 벗어나는 것을 견디지 못했다.

어느 날에는 이런 일도 있었다. 물어볼 것이 있어 거래처에 연락을 했는데 전화를 받은 상대 직원이 조금 퉁명스럽게 대답을 했다. 두 거래처에서 현우 씨는 갑의 입장이었고, 상대방은 을의 입장이었다. 그런데 이미 여러 번 통화한 사이인데도 거래처 직원이 성가시다는 듯 전화를 받자 현우 씨는 별안간 불같이 화를 내고 소리를 지르며 따졌다. 놀란 상대가 어쩔 줄 몰라 하며 여러 번 사과했지만 현우 씨의 노기는 가시지 않았다.

이처럼 그는 아주 작은 단서에서도 조그마한 불친절을 감지하면 분노를 제어하지 못했다.

어린 시절 현우 씨의 부모님은 언제나 바빴다. 영업 일을 했던 아버지는 출장으로 자주 집을 비웠고, 어머니도 집에 있는 날이 드물었다. 그나마 집에 있을 때는 거의 항상 핸드폰을 손에 쥔 채 분주히 무언가에 몰두하고 있었다.

학교가 끝나면 깜깜한 현관에 들어서서 거실의 불을 켜는 게 현우 씨가 집에 와서 하는 첫 번째 일이었다. 어린 시절 그는 아버지의 부재와 어머니의 무관심 속에서 따뜻한 애착관계를 맺어 보지 못했다.

어머니는 현우 씨가 뭔가 잘못을 하면 잔소리를 심하게 퍼부어대다가도 다시 무관심으로 일관했다. 그럴 때마다 그는 자신이 무시당했다고 느꼈다. 그가 조금이라도 어머니의 관심을 받을 수 있는 방법은 좋은 성적을 거두는 것이었고, 높은 등수를 유지해야만 자신의 존재가 겨우 인정받는 느낌이었다.

현우 씨는 반드시 명문대에 들어가야 한다는 압박에 시달리면서 하루도 빼놓지 않고 학원과 독서실을 오갔지만, 고등학교 2학년 때 자신의 한계를 느꼈다. 목표로 한 대학은 그의 실력으로는 엄두도 낼 수 없는 곳이라는 현실을 깨달았다.

그날 "도저히 힘들어서 어머니가 원하는 대학에 가기 힘들 것 같아요"라고 말하자 어머니는 아무 말 없이 안방으로 들어가 문을 쾅 닫아 버렸다. 그 순간 현우 씨는 또다시 무시당한 느낌에 시달렸고, 하루에 두세 시간씩 자며 죽어라 공부한 끝에 결국 어머니가 원하는 대학에 들어갈 수 있었다.

지나치게 민감해진 레이더망

어린 현우가 겪었던 것은 '정서적 유기'다. 이 또한 학대에 해당한다. 그로서는 자기 마음대로 할 수 있는 것이 아무것도 없었고 선택권도 없었다. 그가 간절히 바란 것은 더 이상 무시당하지 않는 것, 그러기 위해 필요한 것은 '힘'이었다. 그래서 현우 씨는 불확실한 일이 발생하는 것을 막기 위해 철저하게 상황을 통제하길 원하게 됐다. 통제하기 위해서는 사소한 실수도 용납할 수 없었고, 어떤 상황에서도 완벽해야 했으며, 누구에게도 빈틈을 보이지 않아야 했다.

실수하지 않기 위해 아주 작은 일에도 과도한 노력을 쏟아부었으니 현우 씨의 업무 능력은 당연히 뛰어났다. 문제는 그가 자신의 실수뿐 아니라 다른 사람의 실수도 용납을 못 한다는 것이었다. 다른 사람이 대수롭지 않게 한 말이나 행동에도 그는 지나치게 화를 냈다. 그러다 보니 사람들은 현우 씨와 마주하는 것을 피하기 시작했고, 그는 대인관계에서 점차 고립되어 갔다.

현우 씨가 다른 사람에 대한 배려가 부족해서 분노 폭발의 행동을 하는 것일까? 그러나 사람들의 눈살을 찌푸리게 하거나 이해할 수 없을 정도로 과도하게 분노를 표출하는 사람의 이면에는 타인에 대한 배려나 공감의 부족이 아니라 '더 이상 상처받지 않겠다'는 두려움이 가득한 경우가 많다. 상처받지 않으려고 만들어 놓은 방어 전략이 오히려 더욱 그를 어려운 상황에 놓이게 만드는 것이다.

상처를 미리 탐지하기 위해 현우 씨는 매사에 레이더를 작동시켰다. 그런데 그 레이더가 너무나 잘 작동한 나머지, 그냥 넘어갈 수도 있는 것들도 지나치게 감지해 갈등의 테이블에 올려다 놓은 것이다.

어린 시절 상처를 입었던 사람들은 다시는 그런 상처를 경험하지 않으려는 데 모든 에너지를 쏟는다. 자신의 오감을 상처받지 않기 위해서 민감하게 곤두세운다. 언제나 사람들이 자기를 어떻게 보는지에 대해 염두에 두고 주변을 스캔해 조금이라도 무시하는 듯한 행동을 초능력에 가깝게 감지해 낸다.

성취하고 싶은 목표와 꿈은 사라지고 오직 상처받지 않기 위해 전전긍긍하는 삶을 살아간다. 모든 감각을 '나에게 상처를 줄 수 있는 가능성'을 찾아내는 것에만 집중한다. 심지어 아무런 해를 주지 않는 일마저 붙들어 스스로 상처받았다고 느끼고 결국 헤어날 수 없는 갈등 상태에 자신을 빠뜨린다.

상처를 피하려고 한 행동이었으나 결과적으로 상처는 늘 그 사람의 일상을 지배하게 된다. 모든 사람이 알고 있지만, 본인만 그 사실을 모르는 채.

▶ 격리되면 자유로워질까?

대학생 준혁이(21세)는 학교도 가지 않고 집에만 틀어박힌 지 벌써 1년 반이 넘었다고 했다. 출석일수가 부족하여 제적까지 당했으나 그는 온종일 게임이나 유튜브 시청만 하고, 집 밖으로는 한 발자국도 나가지 않았다. 식사도 엄마가 방 앞에 놔두지 않으면 며칠이고 굶었다. 걱정 끝에 부모는 아들을 거의 질질 끌다시피 하여 상담실에 데려왔다.

준혁이는 중학교와 고등학교 때 왕따를 당했지만 겨우 버텨서 고등학교를 졸업하고 대학에 합격했다. 오리엔테이션에 참석해 친구들을 사귀고 대학가에서 동기들과 어울리는 등 꿈같은 대학 생활도 시작했다. 그런데 동아리 활동을 해 볼까 캠퍼스를 기웃거리던 학기 초 어느 날, 준혁이는 중학교 때 자신을 왕따시켰던 반 아이 중 한 명을 도서관 근처에서 발견했다.

그 아이와 얼굴을 마주친 것은 아니지만, 먼발치에서 봐도 그 아이임을 준혁이는 똑똑히 알아볼 수 있었다.

캠퍼스에서 그 아이를 본 순간 준혁이는 더 이상 학교에 다닐 수 없게 됐다. 이제 새로운 인생을 살 수 있을 거라 생각했는데, 그 아이를 만난 것이다. 그때와 같은 상처를 또다시 겪고 싶지 않았다. 그러나 결심만 강했을 뿐 대처법은 떠오르지 않았다. 준혁이가 생각해 낸 유일한 방법은 상처를 받을 수 있는 모든 가능성을 철저하게 차단하는 것뿐이었다.

그래서 그는 사회로부터 자신을 격리시키는 쪽을 택했다. 나아가 자신을 방에 가두고 스스로를 벌주고 있었다. 상처에 대한 공포에 질린 나머지 상처를 안 받는 것이 삶의 목적이 되어 버린 것이다.

방에 틀어박힌다고 해서 마음이 안정되는 것도 아니었다. 그는 자신의 집, 자신의 방 안에서도 편안하지 못했고 매 순간 두려움, 우울함, 불안감에 시달렸다. 당연히 예민해질 수밖에 없는 상황이었지만, 준혁이의 그런 행동을 이해하는 사람은 집 밖에도, 집 안에도 없었다.

공포를 숭배로 전환시키는 전략

고대 이집트에서 악어는 공포의 존재였다. 악어 중 가장 큰 나일악어는 나일강변에서 살아야 하는 이집트인들을 매일 두려움에 떨게 했다. 고대 이집트인들은 악어에 대한 두려움을 숭배로 전환시켰다. 이집트 신화에 등장하는 '세베크 Sebek'는 악어의 머리를 가진 수신으로, 이집트인들은 악어들에게 자신을 보호해 달라고 기도를 올렸다.

악어가 죽으면 향유를 발라 미라로 만들었고, 악어에게 물려 죽은 사람의 시체는 신에게 물렸다고 하여 함부로 매장하지 않고 정성을 다해 묻었다. 세베크는 나일강변에 사는 이집트인들의 두려움을 거두어 가는 존재가 된다.

악어와 함께 대표적인 공포의 대상으로는 뱀이 있다. 뱀 숭배는 전 세계적인 현상으로 우리나라 또한 일부 지역에서 뱀을 숭배하는 풍습이 있었다. 오늘날 뱀은 도시화와 자연생태계 파괴로 쉽게 볼 수 없지만 과거에는 일상적인 공포의 대상이었다. 사람들은 이러한 공포를 숭배로 바꿈으로써 일상 속의 공포심을 제거했다.

공포를 숭배로 전환시켜 제거하는 방식은 내면아이에서도 발견할 수 있다. 예를 들어 가정 폭력을 겪으며 성장한 아이에게는 폭력을 가하는 부모가 공포 그 자체다. 아이는 매일 마주하는 공포감을 해소하기 위해 부모를 아예 공포의 대상에서 숭배의 대상으로 전환시킨다. 학대하는 부모는 놀라운 힘을 지닌 존재이므로 자신을 학대해도 되고, 힘이 없는 자신은 매를 맞는 게 당연한 것이다. 이렇게 두려움을 숭배로 바꿈으로써 자신의 현실을 받아들인다.

이런 환경에서 성장한 아이는 세상을 힘 있는 사람과 힘이 없는 사람으로만 본다. 본인을 힘이 없는 사람으로 여기면 학대당하는 부모 앞에 놓인 것처럼 언제나 주눅 들고, 눈치를 보며 무기력하게 살아간다. 반면에 본인을 학대하는 부모와 자신을 동일시하게 되면 힘을 얻으려 하고, 나아가 학대하는 부모의 모습을 재현한다.

이런 사람이 부모가 되면 학대하는 부모가 되고, 한 사회의 대표가 되면 공포를 끌고 와 약자에 대한 억압과 탄압을 일상화시킨다. 역사 속에 등장하는 여러 독재자가 바로 이런 유형이다.

자기용서, 그리고 접촉

　　　　　　예민한 현우 씨나 방에 갇힌 준혁이처럼 상처
가 공포를 넘어 숭배의 대상이 되다시피 한 사람들에게 필요한
치료의 첫 번째 단계는 상처 입은 내면아이의 고통을 인식하는
것과 그 아이가 느낀 두려움과 공포, 불안을 알아주는 것이다.
단지 의식해서 과거에 상처받은 기억을 떠올리는 것으로 끝나
는 게 아니라 내면아이의 마음과 '접촉'해야 한다.

　접촉이란 실제 자기 모습을 인지하고 열등감과 우월감 같은
거짓 자아의 상태에서 벗어나는 것을 의미한다. 상처를 받은 사
람은 열등감에 시달리고 자신감을 잃어버린 채 살아간다. 그 결
과 지나치게 의기소침해지거나 반대로 과도하게 강한 것처럼
행동한다.

　이런 상처 입은 내면아이에게 손을 내미는 행위에서부터 접
촉은 시작되는데, 손을 내민다는 것은 '자기용서'를 뜻한다. 자
기용서는 자신의 한계를 받아들이고, 실수를 범하거나 잘못된
결정을 내렸던 자신을 탓하지 않고, 지난 일에 대한 후회에 빠
지지 않기 위해 필요한 심리기제다. 상처받은 자신을 용서하고
스스로의 한계와 화해할 수 있는 마음의 문을 열기 위해서는 용
기가 필요하다.

　치료의 두 번째 단계는 다른 사람들과의 '실제적인 접촉'이

다. 타인과 지속적으로 접촉함으로써 우리는 자기연민과 열등감, 자기비하로 숨어들지 않을 수 있다. 이런 감정들은 사람들과 관계를 끊고 혼자 뒤로 물러나 있을 때 더욱 심하게 나타난다. 그렇기 때문에 마음의 상처가 클수록 반드시 다른 사람들과 만나서 이야기를 나눠야 한다. 접촉을 하다 보면 생각하는 것만큼 자신이 형편없는 사람이 아니라는 사실을 스스로 깨닫는다.

이 두 단계를 통해 두려움과 공포는 그 본모습을 드러낸다. 그러는 동안 더 이상 그 두려움을 제거하기 위해서 숭배로 전환시킬 필요가 없음을 알게 된다.

8

끝없는 도미노를
멈추기 위해

▶ 당신은 상처를
받기만 한 사람입니까

취업 준비생 서준 씨(31세)는 졸업 후 4년째 취업에 실패하면서 깊은 좌절감에 빠져 있었다. 해가 지날수록 더욱 예민하고 까칠해졌고 부모가 걱정되어서 하는 말에도 참지 못하고 화를 냈다. 가족들은 일상적인 대화를 할 때도 서준 씨의 감정을 살피며 전전긍긍했다. 부모와 함께 상담실을 찾은 그는 가족들이 자신의 상황을 배려하지 않는다고 느껴 화가 나 있었고 스스로를 피해자로 여겼다.

그러나 가족의 입장은 달랐다. 서준 씨의 어머니는 그가 취업 실패의 원인을 언제나 부모 탓으로 돌린다고 말했다.

"자기가 받은 상처만을 기억할 뿐 본인이 가족들을 얼마나 힘들게 하고, 쉽게 상처 주고 있는지를 몰라요."

상처를 받은 사람은 다시는 상처받지 않으려고 전력을 다하느라 자기 자신도 다른 사람에게 상처를 주고 있다는 것을 미처 깨닫지 못한다. 그러나 상처는 동전의 앞뒷면과 같아서 상처를 받은 사람이 상처를 줄 수도 있다. 단지 보이는 면이 다를 뿐 같은 동전에 속한 것이라는 말이다.

다른 이에게
어떤 상처를 주었을까?

받은 상처와 준 상처를 구분하지 않으면 자신을 무조건 피해자로만 생각하게 되어 어디를 가도 계속 상처받을 수밖에 없는 가혹한 운명에 스스로를 가져다 놓는다. 이들은 자신만이 상처받은 사람이라는 피해 의식과 또다시 상처받지 않기 위해 하는 행동으로 다른 사람에게 새로운 상처를 준다.

그리고 이러한 것들이 자신을 비호감으로 만들고 심지어 사람들의 분노를 불러일으키고 있다는 것을 알아채지 못한다.

그저 '왜 사람들이 나를 미워하는 거지? 왜 어딜 가나 나는 환영받지 못하는 거지? 나는 왜 늘 외로운 거지?'에 대해서만 의문과 원망을 품을 뿐, 자신이 다른 사람에게 한 행동이나 자신이 던진 말이 어떤 반응을 유발했는지 미처 인지하지 못한다.

그래서 우리는 누군가로부터 상처받았을 때 자신의 감정에만 휩싸여 정서적 에너지를 온통 소진하고 있는 것은 아닌지, 지금 실제로 무슨 일이 일어나고 있는 것인지를 의식적으로 하나하나 살펴볼 필요가 있다.

일방적으로 내 탓을 하거나 무조건 남 탓을 하기 전에 '상처의 도미노'를 멈추어야 한다. 타인도 상처받을 수 있다는 사실을 알고 있어야 관계의 균형을 이룰 수 있다. 오직 자기만 상처받는다고 생각하면 저도 모르게 상대에게 상처를 줄 수 있으며 그것은 반드시 자기에게로 돌아온다.

상처의 연쇄 반응

앞서 예로 들었던 무라카미 하루키의 《노르웨이의 숲》은 청춘의 사랑과 상실의 상처를 다루고 있는 소설이다. 이 작품에서 상실의 상처는 '기즈키'라는 인물에서부터 시작된다. 주인공 와타나베의 친구인 그는 뛰어난 두뇌와 말솜씨를 갖춘 사람으로 유명 치과의사 아버지를 둔 '금수저'다. 기즈키는 누가 봐도 잘난 사람이었지만 타인을 배려할 줄 아는 보기 드문 청년이었다. 그는 소꿉친구이자 여자친구인 나오코와 단짝인 와타나베와의 관계를 소중히 여겼고, 셋이 만날 때에는 그 두 사람이 어색해하거나 소외감을 느끼지 않도록 노력했다.

그러나 기즈키는 열일곱 살에 와타나베와 마지막으로 당구를 친 뒤 자신의 집 차고에서 자살한다. 그에게는 자살할 만한 동기도 없었고, 유서도 발견되지 않았다. 기즈키와 서로 사랑하는 사이라고 믿었던 여자친구 나오코에게 그의 자살은 받아들일 수 없는 상처가 됐다. 늘 친절해 보였던 기즈키는 사랑하는 사람에 대한 어떠한 배려도 없이 세상을 떠나 버렸다.

나오코에게 기즈키의 죽음은 사랑하는 애인을 잃었다는 단순한 상처가 아니었다. 그녀는 기즈키의 죽음으로 인해 그가 사실 자신을 사랑한 적이 한 번도 없었다는 것을 깨닫게 됐다. 그랬기에 그의 죽음을 더욱 받아들일 수 없었다. 나오코는 그가 자신을 사랑하지 않았다는 잔인한 현실을 직면하기에 너무나 상처받기 쉬운 여자였다. 기즈키의 죽음 이후 그녀의 삶은 도저히 스스로의 힘으로 나올 수 없는 '숨겨진 우물' 같은 것이 됐다. 나오코는 그 우물 속으로 깊숙이 빠져들어 결국 밖으로 나오지 못했다.

다른 사람에게 상처를 주는 사람들에게는 공통점이 존재한다. 그들 자신이 상처받은 사람이라는 점이다. 그들은 자신이 타인에게 상처를 준다는 사실을 인지하지 못하고, 오로지 자기가 받은 상처만 기억한다. 블랙홀이 주변의 것을 모조리 빨아들이듯, 부정적인 모든 결과를 '자기연민'에 사용한다.

자기가 휘두르는 칼을 보지 못하고 희생자인 자신의 상처만 들여다보고 있다.

그들은 자신이 받은 상처를 다시 누군가에게 돌려주려고 하는데, 이때 타깃은 자기에게 상처를 준 '장본인'이 아니라 아무 상관없는 '누군가'다. 상대가 누구인지는 중요하지 않다. 단지 돌려주는 '행위'가 중요할 뿐이다.

기즈키에게 상처받은 나오코 역시 자신의 상처를 와타나베에게 돌려준다. 기즈키가 자신에게 상처를 준 방식 그대로 와타나베에게 상처를 주고 세상을 떠남으로써 결국 기즈키는 나오코에게, 나오코는 와타나베에게 연쇄적으로 상처를 입힌다.

그렇다면 상처받은 와타나베도 자신의 상처를 또 다른 누군가에게 돌려주었을까? 그의 선택은 달랐다. 자신이 받은 상처를 누군가에게 돌려주는 것, '상처의 도미노'를 멈춘 그는 자신이

사랑한 나오코가 그를 전혀 사랑하지 않았다는 가혹한 현실을
그저 묵묵히 받아들인다.

상처의 맨 얼굴을 바라볼 때

미연 씨(30세)는 얼마 전 결혼을 약속했던 남
자친구와 헤어졌다. 3년간 연애를 한 끝에 청혼을 받고, 이미 양
가 부모님과 상견례까지 마친 상황이었다. 설레는 마음으로 결
혼식을 준비하던 그녀에게 날벼락 같은 일이 벌어졌다. 남자친
구에게 최근 다른 여자가 생겼고 부모님에게 인사시키던 날도
그 여자와 데이트했다는 사실을 알게 된 것이다. 수년간 사랑을
키우고 앞으로 행복한 가정을 이룰 꿈에 빠져 있던 그녀는 눈앞
의 현실을 도저히 받아들일 수 없었다.

상실의 상처는 '삶의 의미'에 깊은 손상을 입힌다. 사랑하는
사람이 떠나가거나 나를 거부했을 때 우리는 가장 아픈 상처를
입는다. 상대방에 대한 '믿음'이라는 조건 없는 소속감이 깨졌
기 때문이다.

두 사람 사이의 신뢰가 견고할수록 거부와 배신은 견딜 수 없
는 고통을 가져다준다. 고통을 해소하기 위해 상처를 꾹 억누르
고 자신은 아무렇지 않다고 주문을 걸며 외면하려 하면, 돌린

고개 뒤에서 상처는 끝없이 되살아나 더 깊은 고통을 불러온다. 완전히 정을 떼기 위해 더 큰 상처를 받으려고 한다면, 그것은 감당할 수 없는 분노와 증오심으로 변형된다.

그렇다면 이 뫼비우스의 띠를 어떻게 하면 잘라 낼 수 있을까? 상실의 상처로부터 회복하기 위해서는 상처를 외면하는 것이 아니라 오히려 상처의 맨 얼굴을 마주 봐야 한다. 그것은 상실의 상처가 가져다준 '현실'과 그것으로 인해 발생한 '감정'을 구분하는 것에서 시작된다.

내가 아픈 것은 떠나간 '그 사람' 때문이 아니다. 그동안 믿었던 '신뢰 관계'를 상실해 아파하고 있는 것이다. 고통의 진짜 뿌리는 둘 사이에 존재하는 줄 알았던 신뢰를 상실한 데 있다. 그 사실을 스스로에게 설득시켜야 한다.

이렇게 현재 벌어진 일이 무엇인지를 찬찬히 살펴보고 현실과 감정을 구분한 다음 그 실체를 확인할 때, 내 탓이거나 상대방 탓이라는 흑백논리에 빠지지 않고 상처의 도미노로부터 자신을 지킬 수 있다.

9

쏟아진 옷장을
정리하려면

▶ 자녀와의 관계에서 드러나는
진짜 문제

"진짜 좋은 엄마가 되고 싶었거든요. 그런데 딸은 제 말을 무시하고 이젠 막말까지 해요. 요즘 애들이라서 그런 걸까요? 도대체 어디서부터 잘못된 건지 알고 싶어요."

영미 씨(45세)가 상담실을 방문하게 된 것은 딸과의 관계 때문이었다. 원래는 사이가 나쁘지 않았는데 딸아이가 사춘기에

접어들면서 아예 대화를 안 하려 하고, 말을 걸으려 하면 화를 내거나 자신의 말을 무시하기 일쑤라는 것이다. 영미 씨는 이 힘든 상황을 예전처럼 돌리고 싶다고 했다.

상담실에 방문한 첫날 영미 씨는 시선이 불안해 직원들은 물론 내 눈조차 제대로 쳐다보지 못했다. 그녀는 평소에도 사람들을 만날 때 죄지은 사람처럼 쭈뼛거리는 버릇이 있다고 했다.

그녀의 딸도 엄마가 이런 눈빛과 태도로 타인을 대하는 모습을 볼 때마다 화를 냈다.

상담이 진행되자 영미 씨는 자기 어머니 이야기를 꺼냈다. 어머니가 영미 씨를 임신했을 때 꾼 태몽은 커다란 거머리 한 마리가 다리에 붙어서 피를 빨아 먹는 거였다. 이 꿈을 꾸던 당시 어머니는 인생에서 최악의 시기를 맞고 있었다. 남편의 사업이 부도 위기에 놓여 있는 와중에 남편의 외도 사실까지 드러나 어머니는 심각하게 이혼을 고려하고 있었다. 그런데 첫아이인 영미 씨를 임신했다는 사실을 알게 된 것이다. 영미 씨는 눈물을 흘리며 말했다.

"저는 본능적으로 알 수 있었어요. 엄마에게 제가 거머리 같은 존재라는 것을요."

실제로 영미 씨 어머니는 "너 때문에 이혼을 못 했어. 너만 태어나지 않았으면 나는 자유롭게 살았을 텐데"라는 넋두리를 자주 했다. 그녀는 더 이상 자신으로 인해 어머니가 피해를 입지 않도록 최대한 어머니의 비위를 맞추고 어떤 것도 요구하지 않는 아이가 됐다.

겉으로 볼 때 영미 씨는 순종적이고 말 잘 듣는 착한 아이였다. 그러나 그녀의 내면에는 늘 '나는 거머리와 같은 존재'라는 부정적인 자아상이 넘실거렸고, 낮은 자존감에 시달렸다. 자기 욕구와 감정을 드러내거나 표현하는 것도 허용하지 못했다. 어머니뿐 아니라 남편과 딸과의 관계에서도 그런 방식으로 대응하며 살았던 것이다.

단 한 명의 '내 편'만 있어도

예능 프로그램의 스타 PD였던 주철환 교수는 그의 책《더 좋은 날들은 지금부터다》에서 자신이 결손 가정의 어린이였다고 고백한다. 그는 마산에서 태어나 초등학교 3학년 때 어머니를 여의고 청상과부인 고모를 따라 서울로 올라왔다. 아버지는 행불자로 처리된 상태였다.

돈암동 시장에서 작은 가게를 운영하며 억척같이 살던 고모는 조카에게만큼은 언제나 '칭찬의 달인'이었다. 고모는 그에게 늘 "참 잘생겼다. 똑똑해. 넌 크게 될 아이야"라고 수시로 이야기해 줬다. 아직 서울 말씨도 미처 배우지 못한 촌놈에다가 부모 없이 고모 손에서 자라는 불쌍하고 애처로운 아이였던 그가 거울을 보며 '근거 없는 자신감'으로 가득한 아이가 될 수 있었던 것은 언제나 관심과 지지를 보내 준 고모 덕분이었다. 그가 고모에게서 들은 말들은 그의 연약한 자아를 보호해 주는 역할을 했다.

이처럼 우리는 누군가 한 사람의 따뜻한 시선만으로도 충분히 자아를 보호하고, 인생을 당당하게 살아갈 만한 자존감을 형성할 수 있다. 그러나 평생 그 단 한 명을 가져 보지 못하는 사람도 존재한다.

상처 입은 내면아이를 가진 사람들은 어린 시절 어떤 돌봄도 위로도 받지 못한 경우가 대부분이다. 누구에게서도 관심과 지지받는 경험을 하지 못한 것이다. 이는 상처를 입었을 때 이야기를 들어 주고 다독여 준 사람이 아무도 없었다는 것을 의미한다. 나를 위로하거나 돌봐 주는 사람이 없다는 건 어린아이뿐아니라 어른에게도 큰 고통이다.

현재의 우리 삶에 끊임없이 과거의 고통을 불러들이는 상처입은 내면아이의 핵심은 '외로움'이다. 상처받았을 때 혼자였고 아무도 자신을 지켜 주거나 위로해 주지 않았다는 외로움. 즉 관계의 결핍과 손상이다. 그로 인해 일상 속에서 겪는 가장 큰 어려움 역시 관계의 문제다.

관계를 잘 맺는 능력은 '기술'의 문제가 아니다. 관계 맺기는 한 사람이 경험하고 배운 모든 것이 동원되는 총체적 차원의 영역이다. 의식과 무의식, 자존감과 소통 능력 등이 관계 맺기에 집중된다.

다른 사람과 관계를 맺을 때 기초가 되는 건 자기 자신과의 관계 맺기다. 어린 시절에 받은 상처의 경험으로 결핍, 소외, 두려움, 공포를 느끼게 되면 자기 자신과 관계를 맺을 때 혼란과 왜곡을 겪는다. 그가 자신의 내면에서 보는 것은 슬픔, 분노, 공포다. 이런 감정들이 해결되지 않으면 독립적인 삶을 살아가는데 필요한 자존감이 심각하게 손상되고, 건강하고 성숙한 관계의 첫 단추를 아예 끼울 수 없게 돼 버린다.

옷장 문부터 열어야 한다

독일의 심리학자이자 국제적인 트라우마 전문가 게오르크 피퍼 Georg Pieper 는 우리의 상처를 '쏟아진 옷장'에 비유했다. 예고 없이 인생에 찾아온 상처는 마치 옷장이 갑자기 넘어진 것과 같다. 넘어진 옷장에 놀라서 일단 옷장부터 일으켜 세우고, 물건을 그 안으로 마구 쑤셔 집어넣고, 얼른 문을 닫지만 내용물로 가득 차서 뒤죽박죽된 옷장은 닫아도 닫아도 다시 열린다.

우리는 문제가 터지면 본능적으로 해결책부터 찾는다. 그러나 내면아이의 상처는 깊고 오래된 것이기 때문에 잘못된 해결책들은 오히려 상처를 반복해서 덧나게 하거나 오히려 더욱 견고하게 밀봉하게 만든다. 마치 사막에서 '물'을 구하는 것처럼 이룰 수 없는 '목표'를 향해 나가는 것과 같다. 사막은 물이 없는 곳이다. 물을 찾을 수 없는 사막에서 그것을 찾으려 간절히 원하고 노력할수록 계속해서 실망하고 좌절을 경험하게 된다.

그렇다면 어떻게 해야 쏟아진 옷장을 정리할 수 있을까? 일단 옷장 문을 열고 모든 옷가지를 꺼낸 다음, 차곡차곡 접어 제자리로 돌려보내야 한다. 그 작업을 끝내야 비로소 옷장 문을 제대로 닫을 수 있다.

옷장 문을 다시 열고 그 안의 헝클어진 옷가지들을 보는 것은 쉽게 엄두가 나지 않는 일이다. 그러나 상처 입은 내면아이의 안에 엉망으로 들어 있던 기억들을 정리하기 위해서는 '직면'이라는 힘겨운 작업을 거쳐야 한다. 다시 기억하고 싶지 않은 과거의 상처를 꺼내 면밀하게 살펴보고 정리해야만 한다.

버텨 줘서 고마워

내면아이 치료 과정은 자신의 상처에 공감하고, 자신을 위로하는 작업으로 시작된다. 스스로를 수치스러워하지 않고 있는 그대로 존중할 때 상처와 진정한 화해를 할 수 있다.

영미 씨는 딸과의 관계를 개선하기 위해 상담을 진행하며 먼저 자신의 과거부터 들여다봤다. 자라는 동안 따스한 시선이 아니라 '너를 낳는 바람에 내 인생을 망쳤다'는 원망의 시선을 받으며 자란 영미 씨는 자신의 내면아이에게 이렇게 말했다.

"미안해, 너를 무시하고 너를 잊으려 하고
부끄러워해서 미안해. 이제 알아줄게.
네가 얼마나 참았는지, 얼마나 견뎌 냈는지.
고마워. 버텨 줘서 고마워.
미래의 나에게 기회를 줘서 고마워.
이제 너를 수치스러워 하지 않고 존중할게.
너도 내 삶의 일부라는 것을 인정할게."

중년의 나이가 되어서야 영미 씨는 비로소 상처 입은 자신과 마주했다. 그녀는 헝클어진 채로 굳게 닫아 놓은 옷장 문을 열고 처음으로 정리를 시작했다.

내면아이의 상처는 치유되어야 한다. 그리고 치유될 수 있다. 깊고 단단한 상처일수록 더 깊고 단단히 숨겨져 있기에, 그 실체를 탐색하고 직면하는 작업이 필요하다.

10

치 유 법 다 섯 , 관 점 의 전 환

상처의 자리에는
새살이 차오른다

▶　　　"괜찮아"라는 한마디의 힘

　　고(故) 장영희 교수의 저서《살아온 기적, 살아 갈 기적》에서는 소아마비를 앓던 그녀의 어린 시절 사연이 나온다.

　다른 아이들처럼 뛰어놀 수 없었던 그녀를 위해 어머니는 친구들이 노는 모습이라도 구경하라고 장 교수를 대문 앞 계단에 앉혔다. 요즘과는 달리 당시 골목은 아이들이 신나게 뛰어노는 놀이터였다.

그녀가 초등학교 1학년 무렵 혼자 계단 앞에 앉아 다른 아이들을 기다리고 있을 때였다. 때마침 엿장수가 가위를 철렁이며 골목을 지나다 목발을 옆에 두고 대문 계단에 앉아 있는 그녀를 흘낏 보고 지나쳤다. 조금 시간이 흐른 뒤 엿장수는 엿이 담긴 리어카를 두고 다시 돌아와 그녀에게 깨엿 두 개를 내밀었다.

엿장수는 그녀와 눈을 마주치며, 미소 띤 얼굴로 말했다. "괜찮아"라고. 그녀는 돈 없이 깨엿을 공짜로 받아도 괜찮다는 것인지, 아니면 목발을 짚고 살아도 괜찮다는 말인지 몰랐지만 그건 중요하지 않았다. 그녀에게 중요한 것은 그날 이 세상은 그런대로 살 만한 곳이라는 신념, 좋은 친구들이 있고, 선의와 사랑이 있고, '괜찮아'라는 말처럼 용서와 너그러움이 있는 곳이라는 믿음이 생겼다는 것이다.

소아마비에 걸려 평생 목발에 의지해서 살아야 했던 운명을 지닌 그녀에게 엿장수가 내민 두 개의 깨엿은 장 교수로 하여금 세상을 좀 더 따뜻한 눈으로 바라볼 수 있게 했다. 외부를 보는 관점에 변화를 일으켜 세상과 사람, 그리고 자신을 좀 더 너그럽게 볼 수 있도록 만들어 준 것이다.

고슴도치처럼
가시를 세우고 살았지만

손등에 상처가 났을 때 어떤 사람들은 상처가 난 즉시 치료를 하지만, 대부분은 대수롭지 않은 듯 손등에 반창고만 붙이고 만다. 그러나 생각보다 상처가 깊을 경우 환부는 빨갛게 부으면서 쉽게 낫지 않는다. 반창고를 붙여 놓고는 그 밑에서 무슨 일이 일어나는지 모른 채 살면, 갈수록 통증은 심각해지고 급기야 염증까지 생겨 상처는 덧나 버린다. 그런데도 사람들은 그 반창고를 뜯어 상처를 보고 싶어 하지 않는다.

내면아이의 상처도 이와 같다. 이때 마음에 난 상처에 붙이는 반창고 중 하나가 '좁은 시각'과 '부정적 사고'다. 이는 더 이상 상처를 받지 않으려는 인간의 방어 전략 중 하나로 상처 입은 내면아이를 가진 사람들은 대부분 이 반창고를 붙이고 있다.

사람은 상처를 입게 되면 세상을 보는 눈이 좁아져 모든 것을 부정적으로 해석하려 한다. 더 이상 상처받지 않기 위해, 더 이상 마음을 다치지 않기 위해 세상에 대한 희망과 기대를 포기하고 고슴도치처럼 가시를 세워 자신을 지킨다.

이 시각을 갖게 된 사람은 늘 자신에 대한 부정적인 선입견, 회의, 불신으로 가득 차 있다. 자신에게 일어나는 모든 경험과 사건, 다른 사람들의 반응과 생각, 행동 하나하나를 부정적으로 해석하며, 자신이 받은 상처에 압도당해 항상 주변을 탓하고 누군가를 원망한다.

이 사람의 이야기를 듣고 있으면 마치 세상이 그를 증오하고 밀어내기로 결심한 듯 보인다. 그에게 이 세상은 완벽하게 본인을 비난하고 공격하는 일들로 가득하다. 손바닥도 마주쳐야 소리가 나는 것인데 불행의 원인을 오직 타인과 세상을 향해 돌리고 자기는 언제나 운이 없는 가련한 희생자로 여긴다.

그들과 이야기를 하다 보면 처음에는 '아픔과 고통이 너무 커서 그런가 보다' 하고 동정심이 생기다가도 어느 순간 언제나 주변만 원망하고 책임을 전가하는 모습에 지쳐 버린다. 이 세상과 주변 사람들은 무조건 가해자요, 자기는 운 나쁜 피해자라며 매사에 투덜거리기만 하는 '비호감'의 인물, '어른답지 못한 어린애'로 비친다.

타인이 자신을 배척한다는 '느낌'을 받으면 그들의 자존감은 더욱 바닥으로 떨어진다. 그 결과 세상에 대한 부정적 선입견은 더욱 굳건해지고, 심지어 일상의 사소한 모든 일이 자신에게 상처와 피해를 주는 사건들이라는 망상에 빠져들기도 한다.

모든 문제가 사람들이 자기를 별 이유 없이 싫어하고 배척해서가 아니라 자신이 스스로를 좋아하지 않고 거부하는 데서 발생하는 것임에도 불구하고.

자존감이 낮은 사람에게는 '내면의 면박꾼'이 있다. 이 면박꾼은 우리의 기를 죽이기 위해서라면 아주 사소한 실수도 놓치지 않고 끄집어내어 공격하고 자존감에 균열을 일으킨다. 이러한 면박꾼이 사용하는 가장 강력하고 거대한 도구가 부정적인 사고다. 수많은 부정적인 생각은 면박꾼의 목소리가 너무나 터무니없고 부당하다는 것을 알면서도 그냥 믿어 버리게 만들어 불안 상태에 빠지게 한다. 불안이 높아질수록 면박꾼의 목소리는 더욱더 날카롭게 파고들어 괴롭힌다.

시간이 지나고 면박꾼과 함께 살아온 기간이 오래되면 면박꾼의 목소리는 자연스럽고, 자명하며, 당위적으로 느껴진다. 그의 비난에 대든다든가 그 입을 봉하는 따위의 일은 아예 생각지도 못하고 무조건적으로 받아들이게 된다. 실수와 약점만을 꼬집어 지적해 내는 이 비뚤어진 목소리에 시달리는 한, 만족과 기쁨, 평온함과 자신감이란 없다.

누군가는 당신을 사랑했다

이를 두고 융은 "우리는 너무 작은 신발을 신고 다닌다"고 말했다. 인생에 대해 지나치게 좁은 관점을 가진 채 예전의 방어 전략을 그대로 유지하면서 저도 모르게 과거에 얽매인 선택을 되풀이해 자신의 성장을, 영혼의 확장을 가로막고 있다는 말이다.

이런 상태에서 벗어나기 위해서는 자신이 상처 때문에 고슴도치처럼 가시를 세우고 살아왔다는 것, 그로 인해 세상과 자신을 보는 관점이 너무나 좁아졌다는 것을 인지할 필요가 있다.

본인이 받은 상처와 그 상처에 대응하면서 자신이 행한 방어 전략을 분리시켜야 한다.

물론 자신의 방어 전략을 인지하고 이성적으로 분리해서 본다고 해서 곧바로 상처가 치유되지는 않는다. 치유를 위해서는 '마중물'이 필요하다. 상처 입은 내면아이를 변화시킬 수 있는 동력은 누군가의 사랑과 관심이다. 치유는 혼자만의 과정이 아닌 것이다.

소중한 존재로부터 버림받은 상처를 입은 사람은 '난 버림받았다'는 시각만으로 세상과 자신을 보게 된다. 하지만 버림받았음에도 현실을 살아가고 있다는 사실은 버림받은 작은 아이를 끝까지 포기하지 않고 살리려 애썼던 많은 사람이 있었다는 의미기도 하다.

버림받은 아이가 잘 성장해서 사회의 일원이 되는 모든 과정 속에는 의식하든지 의식하지 못하든지 간에 겉으로 드러나지 않는 누군가의 도움과 관심, 배려, 희생이 있었다. 이렇게 관점을 확장한다면 다른 시각으로 세상을 바라봐야 할 분명한 이유를 찾을 수 있다.

당신은 어린 시절 한때 깊은 상처를 받았고, 더 이상 상처받지 않으려고 가시를 세우고 살아온 건지도 모른다. 그러나 삶 속에서 당신에게 친절을 베풀고 따뜻한 마음을 준 사람은 분명히 있었다. 다만 크나큰 상처의 고통을 들여다보느라 그 따뜻함을 미처 기억하지 못하고 지나쳤던 것뿐이다.

이제 선택은 당신의 몫이다. 과거의 상처만을 기억하고 좁은 시야로 세상을 살 것인지, 아니면 상처를 입었지만 누군가의 친절과 사랑을 떠올리며 살 것인지. 그 선택에 따라 앞으로의 인생은 달라진다.

11

내 안의 아이야,
견뎌 줘서 고마워

1단계: 과거의 상처 알아차리기

상담실에서 만난 사람들은 자신을 고통스럽게 하는 현재, 그 안에 들어 있는 심리적 문제들을 해결하고자 나를 찾아왔다. 그러나 시간이 흐르고 상담을 진행할수록 그들은 과거로의 기나긴 시간 여행을 시작했다. 오래전 가정에서, 또 학교에서 자신이 경험한 삶의 방식, 그곳에서 느꼈던 감정들을 꺼내서 현재 자신의 문제와 연결시켰다. 그리고 자신이 꼭꼭 숨겨 두어서 존재하는지도 몰랐던 내면아이와 마침내 조우했다.

그들은 모두 현실을 바라보는 자신의 시선이 종종 혹은 매일 스스로를 기만한다는 사실을 깨닫고는 놀라워했다. 부모, 부부, 자녀, 친구, 연인, 직장동료 등 문제를 겪는 관계는 사람마다 달랐지만, 그 대인관계 속에서 자신도 모르게 옛 상처가 건드려지는 순간, 상처 입은 내면아이가 깨어나 퇴행적 행동을 한다는 것은 공통적인 현상이었다. 그 행동으로 인해 더욱더 난감한 상황에 스스로를 밀어넣고 있다는 것 또한.

우리가 느끼는 불안, 두려움, 고통, 슬픔, 속상함, 분노, 짜증, 무기력 등 수많은 부정적인 감정은 현재만이 아닌 과거의 상처와 연결돼 있다. 이 부정적 감정들로부터 빠져나오기 위해서는 오랫동안 자신을 고립시켰던 마음의 공간에서 스스로 나와야 한다.

자신에게 상처 입은 내면아이가 존재한다는 것, 그 아이가 현재의 삶에도 여전히 영향을 미치고 있다는 것, 현재 느끼는 부정적인 감정의 상당수는 지금 내가 문제를 겪고 있는 상대 때문만이 아닌 자신의 상처 입은 내면아이에서 비롯된 것임을 인지해야 한다.

2단계: 감정의 매듭 만들기

그리스 신화를 비롯한 각국의 신화에서 거인은 인간이 만들어지기 전에 신에 의해 창조된 신비로운 존재로 나온다. 분석심리학자 폰 프란츠Marie-Louise von Franz는 이 거대한 거인의 등장이 우리가 조절하지 못하는 정서와 감정의 등장과 유사하다고 말했다. 상처 입은 정서와 감정은 거인처럼 파괴적이고 상대를 집어삼키려 한다. 또 신화 속에서 거인은 강력한 힘을 가졌으나 좀 어리석은 듯이 등장하는데 퇴행을 통해서 드러나는 상처 입은 정서와 감정도 어리석고 충동적이며 파괴적이다. 그리고 위험하다.

조절하지 못하고 통제할 수 없는 이 정서와 감정은 자아를 압도하여 화산이 폭발한 것 같은 분노를 표출하게 한다. 거대한 거인이 갑자기 나타난 것처럼 말이다. 상처 입은 내면아이를 가진 사람들은 자신의 감정에 압도당해 그 감정에서 벗어날 수 없다고 여긴다. 마치 자기가 감정을 다스리는 것이 아니라 감정 자체가 자신을 다스리고 있다고 생각한다. 이들은 자신의 감정을 잘 알지 못하는 동시에 충동적이고 변덕스럽다. 또 자신의 감정을 스스로 조절하거나 통제할 수 없다고 생각하기 때문에, 안 좋은 기분에서 벗어나려는 노력을 하지 않는다.

내담자는 상처 입은 감정을 상담자에게 고스란히 드러내야 변화에 이를 수 있다. 그러기 위해서 내담자는 자신의 감정이 무엇인지를 알아차리고 감정의 매듭을 만들어 더 이상 그것에 휩쓸리지 않게 할 필요가 있다.

상처 입은 핵심 감정 찾는 법	
	❶ 최근 힘들었던 경험을 나눈다.
	❷ 여기서 힘든 경험을 말할 때 올라오는 감정을 찾아낸다.
	❸ 찾아낸 감정들 중에서 평상시에도 자주 느끼는 감정에 표시한다.
	❹ 표시된 감정을 어린 시절 누구와의 관계에서 자주 느꼈는가?

3단계: 내면아이에게 이름 붙이기

상처 입은 내면아이의 존재를 드디어 인식한 내담자들과 첫 번째로 진행하는 작업은 바로 그 내면아이에게 이름을 붙이는 것이다. 카를 융은 "이름은 효과를 발휘하고, 말은 액막이 역할을 한다"고 말했다. 상담사가 내담자의 증상에 이름을 붙여 주면, 내담자가 느끼는 고통의 절반은 해소된다.

인간의 마음은 이야기의 형태로 사고하도록 만들어져 있다. 인간적 동기의 대부분은 스스로에게 들려줄 이야기를 이행하는 과정에서 나온다. 이야기는 사물을 직접 바꾸지는 못하지만 우리의 마음 상태를 바꿀 수 있는 힘이 있다.

자신의 감정을 읽고 '언어화'하는 것은 감정을 조절하고 변화시키는 데 중요하다. '내가 우울해하고 있구나'라고 자기감정에 이름을 붙이고 마음 상태를 규정하면, 자신을 객관적으로 바라볼 수 있게 되고 문제를 구체적으로 다룰 수 있게 된다.

문제에 이름을 붙이는 작업은 자신의 상처에 '말'이라는 옷을 입혀 표현할 수 있게 하는 것이다.

예컨대, 상처 입은 내면아이의 특성에 따라 이런 이름들을 붙일 수 있다.

외로운 아이, 분노에 찬 아이,

감정을 표현할 수 없는 아이, 겁먹은 아이,

잊힌 아이, 존재감 없는 아이, 우울한 아이,
어디에도 소속되지 못한 아이, 눈치 보는 아이,
위축되어 있는 아이, 착해야만 하는 아이,
모범생이어야 하는 아이, 늘 명랑해야 하는 아이,
말할 수 없는 아이, 바보짓해야 하는 아이,
숨죽이고 있는 아이, 자신이 열등하다고
스스로 일깨우는 아이, 무엇이든 잘해야 하는 아이,
빨리 어른이 돼야 하는 아이, 속마음을 숨겨야
하는 아이, 환상 속으로 달아나야 하는 아이,
자기에게 늘 화가 나 있는 아이.

　자신의 상처에 이름을 붙이게 되면 지금껏 말하지 못했던 것을 이야기를 통해 정리할 수 있다. 이런 작업만으로도 감정적인 부담이 현저하게 줄어든다.

　상처 입은 내면아이를 말로 표현할 수 있다면 이제 그 상처는 전보다 덜 아프고, 무엇보다 통제가 가능해진다.

4단계: 아픔을 공감해 주기

우리의 내면에 깊이 배어 있는 불안은 마치 중독 상태 같아서 벗어나기 어렵다. 상처 입은 내면아이의 감정을 인지하기 위해서는 반복되는 불안의 패턴을 똑바로 바라보는 용기가 필요하다.

그렇다면 우리가 직면해야 하는 것은 무엇일까? 그것은 앞서 이야기한 것처럼 어린 시절 혹은 성인이 된 후 발생한 상처다.

우리 안에는 여전히 소화되지 못하고 남아 있는 상처가 있을 수 있다. 일단 그것을 존중하려는 자세에서 출발해야 한다. 이것은 현재의 내가 과거의 나를 마음으로 존중하고 수용하는 자세를 의미한다. 상처 입은 내면아이를 알아차리고 이름을 붙여 주었다면, 이제는 그 아픔에 공감해 줌으로써 구체적인 변화를 만들어 낼 수 있다.

어린 시절 상처를 받았을 때 그 아이에게는 문제를 해결할 수 있는 아무런 능력이 없었다. 상처에 무방비로 노출되고 홀로 버텨야 했던 자기 자신을 존중하고 받아 줘야 한다. 힘든 상황 속에서 누군가가 해 주는 "괜찮아"라는 한마디는 큰 위로가 된다. 그러나 진짜 깊은 위로는 자신이 스스로에게 건네는 "괜찮아"다.

미안해, 너를 무시한 것.

너를 잊으려 하고

수치스러워 한 것, 미안해.

이제 알아줄게.

네가 얼마나 참았는지,

얼마나 힘들게 견뎌 냈는지.

5단계: 자기에 대한 관점 변화시키기

상처 입은 내면아이가 미치는 가장 큰 문제는 자신과 세상을 바라보는 눈을 왜곡시킨다는 것이다. 그 내면아이가 만들어진 과거의 경험은 현재의 '신념 체계' 다시 말해 관점에 큰 영향을 준다. 자신과 주변 환경을 바라보는 시각을 불균형하게 만들어 흑백논리의 좁은 시야를 갖게 한다. 아무런 연관이 없는 일인데도 과거에 경험한 상처의 관점으로 바라보게 된다.

그러나 우리 눈에 보이고 느껴지는 현실은 실제라기보다 자신이 그렇게 보고 싶고, 인식하고 싶은 것이다. 우리 자신의 시각은 절대적인 것이 아니라, 수많은 관점 중 하나일 뿐이다.

장 피아제는 자신의 관점을 인지하게 되면 그 관점에서 해방될 수 있다고 말했다. 관점의 변화는 기존의 시각을 알아차리는 데서 시작되고, 자신을 향한 관점이 변화되면 자존감도 변화한다.

예를 들어 어린 시절 외로웠던 사람은 고독했던 자신의 모습을 떠올리기 싫어한다. 외로운 상황을 무기력하게 받아들인 자기 자신을 거부하려고 한다. 이때 자기공감을 통해서 오래전 그 아이의 감정을 수용하면 스스로에 대한 평가도 달라진다. 예를 들어 '무기력하게 외로운 아이'에서 '외로움을 견디고 버틴 아이'로 이름과 관점을 바꾸는 것이다.

그 아이가 외로운 현실을 견디고 버텨 냈다는 사실을 스스로 인지하면, 상처받았던 과거의 자신도 용서할 수 있다. 이렇게 관점을 바꾸면, 내면아이의 상처가 만들어진 과거로의 여행을 통해 현재 자신의 모습을 긍정적으로 받아들일 수 있다.

상처 입은 내면아이 치유는 단순히 고통의 기억을 없애 주거나 부정적인 감정들을 해소해 주는 것이 아니다. 심리학은 우리가 바라보는 시선에 변화를 가져다준다. 고통을 머금고 있는 과거의 기억들을 바꿀 수는 없지만 과거에 새로운 의미를 부여하게 되면 당신이 맞닥뜨린 현재에도, 미래에도 긍정적인 변화를 일으킬 수 있다.

버텨 줘서 고마워.

미래의 나에게 기회를 줘서 고마워.

이제 너를 수치스러워하지 않고

존중할게.

너를 내 삶의 일부로 존중할게.

6단계: 관계 변화시키기

마지막 단계는 일상 속에서의 관계 변화다. 과거의 상처가 어디에서 왔는지를 인지하고 그 내면아이의 감정을 존중할 수 있게 되면 비로소 현재와 과거의 분리가 가능해진다.

예를 들어 상대가 조금만 불편한 표정을 지어도 자신을 못마땅하게 여겨서 쳐다보는 줄 알고 불안감을 느끼는 사람이 있다고 가정하자. 그는 상대의 불편한 표정 속에서 과거에 늘 자신을 불만스럽게 보던 부모의 표정을 떠올렸던 것임을 깨닫는다. 그때 상처받았던 어린아이가 내면에 여전히 남아 있었다.

그는 가장 따뜻한 시선을 줘야 하는 존재인 부모에게서 한 번도 그런 눈빛을 받아 보지 못했던 내면아이를 발견함으로써 일상 속에서 마주쳤던 누군가의 '불편해 보이는 표정'이 무조건 자기 때문이 아니었음을 인지하게 된다.

화해의 과정을 이행한다고 해서 상처 입은 내면아이가 우리의 인생에서 완벽하게 사라지는 것은 아니다. 치유 작업 후에도 이 아이는 여전히 마음속에 남아 수시로 부정적 감정을 일으키고, 익숙한 통증을 다시 느끼게 할 수 있다.

하지만 한 가지는 확실히 달라진다. 더 이상 통증과 고통 자체에 함몰되지 않고 어느 정도 객관적으로 자신을 바라보게 된다는 것. 이를 통해 우리는 부정적 감정들을 전보다 '능숙하게' 통제할 수 있게 된다. 이렇게 현재를 과거로부터 분리시켜 지금의 관계에만 집중하게 되면, 이전에 경험해 본 적 없는 자연스러운 관계 속에서 자신감과 여유를 느끼게 될 것이다.

나의
'외로운 아이'에게

가끔 나는 아내와 아들이 서로 두런두런 대화하는 것을 보면서 무어라 말로 표현할 수 없는 감정을 느낄 때가 있다. 부끄럽지만 그것을 한 단어로 표현한다면 '부러움'이다. 아내가 다정하게 아들의 이야기를 들어 주고, 아들이 마음 편히 엄마에게 자기의 생각과 감정을 드러내는 것이 나는 말할 수 없이 부러웠다. 당연히 아내와 아들도 서로 의견이 엇갈리면 언성을 높이기도 한다. 그러나 그 와중에도 두 모자 사이에는 따뜻한 정서가 교류되고 있음을 알 수 있다.

어린 시절의 나는 아들과 많이 다른 모습이었다. 나에게는 어머니와 마음 편하게 정서적 교류를 했던 기억이 별로 없다. 어머니는 매일같이 따뜻한 밥 세끼를 차려 내고 겨울이면 이불 속에 밥그릇을 묻고 기다리시는 분이었지만, 밖에서 있었던 일이나 나누고 싶은 생각을 미주알고주알 다정하게 이야기하는 분은 아니었다. 그래서 아들의 모습을 보며 부러움을 느꼈는지도 모르겠다. 한편 아들이 인생의 출발선을 나와 다르게 시작하고 있어서 다행이라는 안도감이 들기도 했다.

이 책을 통해 나는 어린 시절 겪은 경험이 어떻게 한 사람의 인생에 영향을 미치고, 그중에서도 상처가 어떤 원리에 의해 작동하는지를 '내면아이'라는 개념을 통해 살펴보려 했다. 고통받는 사람들에게 치유의 가능성과 희망을 선물하고 싶었다. 그러나 집필하는 내내 무엇보다 나 자신을 돌아보게 됐음을 고백한다.

나의 내면아이는 '외로운 아이'다. 6학년 어느 봄날, 나는 엄마가 싸 줄 김밥을 생각하며 소풍날이 오기만을 손꼽아 기다렸다. 그런데 막상 소풍 당일이 되자, 구석진 곳을 찾아서 몸을 숨기고 그토록 고대한 김밥을 허겁지겁 먹었다. 다른 아이들에게 혼자 먹는 모습을 보이고 싶지 않아서였다.

늘 자신감 없고, 위축되어 친구도 잘 사귀지 못했던 아이. 가족 안에서도, 학교에서도 혼자라고 느끼고 외롭고 불안해하던 그 아이를 나는 이 책을 쓰며 다시 만났다.

사실 나는 지금도 외로운 사람일 것이다. 중년이 되어 사회적 지위와 소속감을 가진 내 주변에는 이제 많은 사람이 있다. 동료들과 제자들이 나와 친밀한 관계를 맺고 싶어 한다는 것도, 예전과 달리 나 또한 그들과 소통하고 친밀감을 나눌 수 있는 입장이 됐다는 것도 잘 안다.

그러나 난 여전히 스스로 외로운 사람의 자리로 가 있다. 물론 어린 시절처럼 아무것도 할 수 없다는 속수무책의 무력감에서 외로움을 마주하는 것은 아니다. 누구도 그곳에 있으라고 요구한 것도 아니지만, 그저 그 자리가 익숙하기에 스스로 외로운 아이의 자리로 간다. 외부적인 일에 에너지를 낭비하지 않게 하는 이 자세 덕분에 더 깊이 고뇌하고 학문에 열중할 수 있어서 학자로서의 삶에는 도움이 되기도 한다.

하지만 이 외로운 아이로서의 자세는 현재의 삶을 제한시키고, 가족을 비롯한 소중한 사람들에게 상처를 줄 수 있다는 것을 이제는 안다. 과거에는 그저 외로운 아이였지만 이제는 유아독존의 독불장군으로 여겨질 수 있다는 것 또한.

어쩌면 나는 오랫동안 이 외로운 아이를 인정하고 싶지 않았던 건지도 모른다. 나의 상처 입은 내면아이는 너무 지질하고 열등하기까지 한 불쌍한 아이였으니까. 그러나 앞서 말한 것처럼 그 존재를 인정하지 않으려 할수록 그 존재에 지배당하고, 반복의 악순환에 놓이게 된다.

이 책을 쓰면서 나는 외로운 아이에게 드디어 이 말을 해 줄 수 있었다.

"다 괜찮다."

네가 자신감도 없고 늘 위축되어 친구들을 못 사귄 것도 괜찮다고. 생존과 안전을 얻기 위해 분투했던 부모님처럼 너 역시 살아남기 위해 애썼던 것뿐이야. 비록 모든 것을 하나하나 해결해서 멋지게 극복해 나가지는 못했지만 그 힘든 시간을 버텨 낸 너, 참 대견해. 나 자신을 다독였다. 그리고 지금, 비로소 악순환의 고리를 끊어 낸 듯한 기분이 든다.

외롭고, 언제나 철저히 혼자라고 느꼈던 그 아이에게 오늘은 "고맙다"고 말해 주고 싶다. 잘 버텨 줘서 진심으로 고맙다고, 네 덕분에 지금의 내가 있는 거라고, 과거의 나에게 뜨거운 고마움을 전하고 싶다.